JN058511

組織再編税制で誤りやすいケース35

税理士
西村美智子・中島礼子 著

中央経済社

はじめに

1　ほんの少しで大きく違う

組織再編成の税務に従事していて，つくづく思うのが，**「ほんの少しで大きく違う」**ということです。

例えば合併に際して，適格要件をひとつ満たさなかった場合，そのひとつ分だけ課税が生じるのではなく，非適格合併として被合併法人の含み益全部について課税がなされます。また，「合併対価として金銭を交付しない（株式を交付する)」のと，「合併対価を交付しない（無対価)」とでは，日本語的には似ていますが，税務上の取扱いは全く異なることがあります。

そのため，組織再編成の税務においては，ちょっとした条文の読み間違いや事実関係の誤認により，多額の追加納税や，欠損金の切り捨てを生じさせることがあります。

2　「事故」を防ぐには？

では，どうすれば重大な「事故」を防ぐことができるのでしょうか？

事故を防ぐための方策として，税法の解釈間違いや検討もれに関しては，複数の者によるレビューを実施する，チェックリストを作る，といった対応策が考えられます。また，事実関係の確認に際して，確認書を作成する，口頭のやり取りはメールで再確認する，といったことが考えられます。

これらの方法は，もちろん非常に重要かつ有用と思われますが，筆者はその他に，「ヒヤリハット事例を共有する」ことも大切であると考えています。

組織再編成の税法条文は非常に複雑で，また検討しなくてはいけない項目も多岐にわたります。これらをすべて適切に読み解いて，実務をこなすには相当な能力・労力が必要で，また，十分な注意を払っていても，うっかり読み間違える，といったことは発生します。

「どの部分がどう間違えやすいか」「見落としやすいポイントは何か」といったことを，あらかじめ知っていれば，その部分に十分な注意を払うことができるため，ミスが発生しにくくなると考えられます。

しかしながら，１人の人間が自分の経験の中で感じることができる「危ないポイント」というのは，どうしても限られてきます。しかし，５人の人間が，自分が気づいた「危ない事例（ヒヤリハット）」を共有し合えば，５倍の危ないポイントを知ることができ，実務に役立てることができます。

「ヒヤリハット」は，発生しないに越したことはありませんが，発生した場合にはそれを共有し合うことで，将来の「事故」を防ぐ大切な材料になると思うのです。

３　本書について

本書では，筆者自身が気づいた，あるいは同業者から聞いた，組織再編成や関連分野における，税務の「危ない」ポイントにつき，「ヒヤリハット事例」として再構築した上で，解説しています。また，本書に登場する法人については，単体納税を採用している（連結納税を採用していない）ことを前提としています。

なお，本書に登場する事例は，説明のためのフィクションであり，特定の法人や事例を描いているわけではない点，あらかじめご了解ください。

また，本書は組織再編税務における，事故防止手法やすべての「危険ポイント」を網羅して論じているものでもありません。それでも，本書の事例を通じて，「危ない傾向」のようなものは感じていただけるものと思います。

なお，本書内の意見は，筆者の個人的な見解であり，筆者の所属する法人の公的見解を示すものではない点，あらかじめご了承ください。

４　本書の使い方

本書は「事例集」です。ある程度関連した事例ごとにまとめてはいるものの，体系的に編纂しているわけではありませんので，必ずしも冒頭から順を追って読む必要はありません。パラパラとみて，興味を持ったところだけ読んでいただいても大丈夫です。また，マンガを一読して，気になるものだけ本文を読む，という方法もアリかと思います。

本書が，組織再編税務に携わる皆様の参考になれば幸甚です。

最後になりますが，本書の刊行にあたっては中央経済社の末永芳奈氏に，企画の段階からさまざまなサポートをいただきました。この場を借りて御礼申し上げます。

〈本書の構成〉

※　本書は原則として2020年８月１日現在において施行されている法令によっています。

CONTENTS

§ 1

まずはここから！
要注意な検討もれ

組織再編成に関する税務で，一番こわいのは，実は「検討もれ」かもしれません。適格要件の充足や欠損金の制限については，それなりに手間とコストをかけてきちんと検討しているのに（あるいはそこに注力するが故に），他の項目の検討が手薄になり，思わぬところで課税上の不利益が生じてしまうことがあります。
本セクションでは，「検討もれ」によるヒヤリハットを7例紹介します。またセクションの最後に，検討項目リストを掲載しましたので，併せて参考にしてください。

1 適格分社型分割の結果，資本割が激増

⇨ 実行した分割は，適格分社型分割に該当したが，分割の結果，グループ全体での住民税均等割および事業税外形標準課税の資本金割の合計額が激増してしまった。

❶ 事　例

P社は，その販売部門を，100％子会社であるS社に対して分割により移転することを計画，分割に伴ってどのような税コストが生じるか検討した。

その結果，図表1の通り，分割時には特段の税コストが生じないことが明らかになった。

図表1：分割時の税コスト検討結果

主体	項　　目	課税関係
分割法人	分割に伴う譲渡益課税	適格分割に該当するため課税なし
分割承継法人	不動産の移転に係る不動産取得税・登録免許税	不動産を移転しないため発生しない
	資本金増加の登記に係る登録免許税	増加資本金をゼロとするため発生しない

上記を踏まえて，Ｐ社は分割に伴う税務上のデメリットはないものと考え，Ｐ社を分割法人，Ｓ社を分割承継法人とする分社型分割を実行した。

後日，分割により，Ｓ社の資本割の金額が著しく増加することが判明した。

組織再編成は適格組織再編成に該当しても，再編の結果，再編当事者の資本金等の額が著増，再編事業年度以降の資本割（均等割）が増加することがある。

❷ 解　説

(1) 分社型分割と資本金等の額

適格分社型分割が行われた場合，分割法人においては分割移転資産の減少を認識するとともに，これに相当する額の分割法人株式の簿価の増加を認識します（法法62の３，法令119①七）。

〈分割法人仕訳イメージ〉

借　方		貸　方	
分割承継法人株式	××	諸資産	××

一方，分割承継法人においては，分割移転資産を分割法人の帳簿価額にて受け入れるとともに，同額の資本金等の額の増加を認識します（法令123の４，８①七）。

〈分割承継法人仕訳イメージ〉

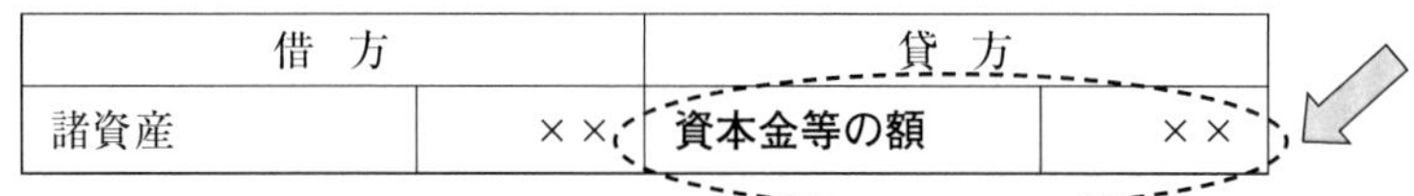

借　方		貸　方	
諸資産	××	**資本金等の額**	××

上記２本の仕訳からわかる通り，分割法人の資本金等の額は減少しない一方で，分割承継法人の資本金等の額は増加します（上記矢印参照）。このため，

100%親子会社間で分社型分割[1]を行った場合には，分割移転資産（負債）の帳簿価額の合計額分だけ，２社合計での資本金等の額が増加する，という現象が生じます。分割法人・分割承継法人において外形標準課税が適用されている場合には，資本金等の額の増加は，資本割の増加を意味します[2]。

⑵　数値例

次頁に，分社型分割により，グループ全体での資本割額の負担額が増加する例を数値にて示しておきます（図表２）。

⑶　均等割への影響

上記⑴⑵では，分割による資本割額の合計額の増加について説明しました。このほか，分割に伴う資本金等の額の増加により，均等割が増加するケースも考えられます。

ただし，均等割の場合，分割承継法人において資本金等の額が増加しても，税区分が変わらなければ税額に影響を与えない[3]ので，分割による均等割額への影響額を試算するには，実際の税率表に当てはめて検討する必要があります。

1　親会社を分割法人，子会社を分割承継法人とする分社型分割。

2　持株会社の特例が適用される場合について：
分割法人側における資本割の額の計算上，「持株会社特例」が適用される場合には，資本等の金額から，当該資本等の金額に総資産のうちに占める子会社株式の帳簿価額の割合を乗じて得た金額を控除できます（地法72の21⑥）。このため，子法人側で資本割課税標準が増加しても，親法人側で課税標準が減少することとなるため，分割による資本割の増加インパクトは若干緩和されます（「緩和」であって，グループ全体での資本割増加は回避できないケースが多い）。

3　吸収分割を想定。

図表２：分割による資本割の額（グループ合計額）の増加の例

【前提】

- Ｐ社の資産のうち1,000を新設分社型分割によりＳ社に移転する
  ※上記❶の事例は吸収分割ですが、事例の単純化のため、新設分割の例を示しています[4]
- Ｐ社・Ｓ社ともに外形標準課税の適用法人である

〈分割による資本金等の額（Ｐ社Ｓ社合計額）の増加〉

（単位：百万円）

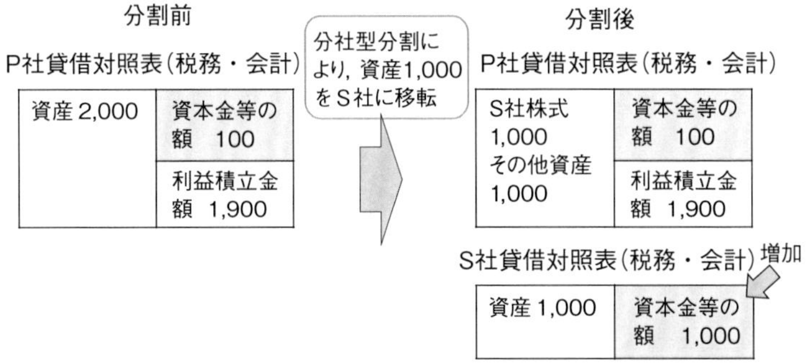

分割前

P社貸借対照表（税務・会計）

資産 2,000	資本金等の額　100
	利益積立金額　1,900

分社型分割により，資産1,000をＳ社に移転

分割後

P社貸借対照表（税務・会計）

S社株式 1,000 その他資産 1,000	資本金等の額　100
	利益積立金額　1,900

S社貸借対照表（税務・会計）増加

資産 1,000	資本金等の額　1,000

〈分割による資本割の負担額（Ｐ社・Ｓ社合計額）の増加〉

分割前

P社 100百万円 × 0.525 %（注1）
= 525 千円

分割後

P社100百万円（注2）×0.525%（注1）
＋S社1,000百万円×0.525%（注1）
＝5,775千円

グループの資本割の金額が大幅増

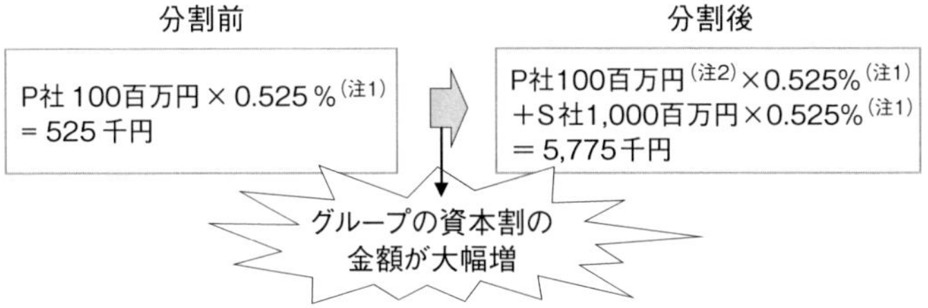

（注１）　資本割の税率は0.525%とする。
（注２）　事業税の持株会社特例の適用なし（子会社株式帳簿価額／総資産の会計帳簿価額＞50%の場合に適用（地法72の21⑥））。

4　分割承継法人の資本金額を１億円以下とし，分割承継法人につき外形標準課税の適用としない方法も考えられます（地法72の2①一）。

2 適格分割には該当したが，多額の不動産取得税が発生！

⇨ 法人税法上は適格分割に該当したが，不動産取得税の非課税要件を満たしておらず，多額の不動産取得税が発生した。

法人税の適格要件は満たすけど・・・それだけで大丈夫？

❶ 事　例

Ｐ社はその不動産賃貸事業を，100％子会社であるＳ社に分割移転することを計画した。まず，当該分割が適格分割に該当するか検討したところ，

(i)　Ｐ社によるＳ社の完全支配は分割後も継続見込みであり，

(ii)　分割は無対価で行われるが，分割法人（Ｐ社）が分割承継法人（Ｓ社）の株式を全部保有する関係にあることから，

この分割は適格分社型分割に該当すると結論づけられた[1]。

なお，Ｐ社の不動産賃貸事業には２名の従業員が従事[2]していたが，完全支配関係者間の分割の適格要件として，従業者引継要件が課されていないことか

1　分割の直前において分割法人が分割承継法人の株式を全部保有している関係にあることから，分社型分割に該当（法法２十二の十ロ）かつ，適格分割に該当し得る無対価分割の類型に該当する（事例８（p.46）参照）。

2　その従事する主たる事業が不動産賃貸業であるという意味。

ら，これらの者については，本人の同意のもとＳ社に異動させないこととした(Ｐ社において他の事業に従事する)。

後日，当該分割が，不動産取得税の非課税要件を満たしておらず，Ｓ社において多額の不動産取得税が発生する事が判明した。

法人税法上，適格分割に該当しても，不動産取得税の非課税要件を満たさないことがある。

❷ 解　説

(1) 合併・分割による資産の移転に係る登録免許税・不動産取得税

合併や分割が適格組織再編成に該当する場合，法人税法上，資産の移転に際して譲渡損益は計上されず，課税が発生しません。

しかしながら，だからと言って，税金が一切発生しないというわけではありません。不動産の所有権の移転登記に際しては登録免許税が課されますし，分割による不動産の取得については一定の場合，不動産取得税が課されます（合併による取得については非課税）。

図表１：合併・分割に伴う不動産の移転に係る登録免許税・不動産取得税

	合　併	分　割
不動産の所有権移転登記に係る登録免許税（注１）	0.4％（注２）	２％（注３）
不動産の取得に係る不動産取得税（注４）	非課税（注５）	原則４％（注６） （一定要件を満たした場合には非課税）（注７）

（注１）　課税標準は不動産の価額（固定資産税評価額）による（登免法9, 10, 附則７）。
（注２）　登免法別表一　一（二）イ
（注３）　登免法別表一　一（二）ハ
（注４）　課税標準は固定資産税評価額（地法73の21）。2021年３月31日までの宅地および宅地比準土地の取得については課税標準額が２分の１となる（地法附則11の５）。

（注５）　地法73の７
（注６）　地法73の15。住宅の取得及び土地の取得に対しては３％（2021年３月まで。地法附則11の２）。
（注７）　後述⑵参照

⑵　不動産取得税の非課税要件

ここで注意したいのが，分割による不動産の移転に際して不動産取得税が非課税となるための要件です。

分割により不動産を取得した場合の不動産取得税の非課税要件の概要は図表２の通りです。

これを見てわかるように，非課税要件は，法人税における適格分割の要件（の一部）と似ていますが，同一ではありません（法人税における分割の適格要件についてはp.181 参考資料❶⑵を参照）。

図表２：会社分割の際の不動産取得税の非課税要件（注）

①　分割承継法人の株式以外の資産が分割対価として交付されないこと
②　分割型分割にあっては非按分型分割に該当しないこと
③　分割事業に係る主要な資産負債が分割承継法人に移転していること
④　分割事業が分割承継法人において引き続き営まれることが見込まれていること
⑤　分割事業に係る従業者のおおむね80％以上が分割承継法人の業務に従事することが見込まれていること

（注）　地法73の７二，地令37の14

この結果，上記事例のように，「法人税法上の適格分割に該当するが，不動産取得税の非課税要件を満たさない」ということが生じます[3]。

3　【不動産取得税における非課税要件の趣旨（『平成13年版改正税法のすべて』中尾睦，大蔵財務協会，2001，549頁より）カッコ内筆者補足】
「その他の①から③の要件（図表２の③～⑤の要件に相当）については，不動産取得税が非課税となる会社分割を限定しようという趣旨ではなく，本非課税措置を悪用した租税回避行為を防止するという観点から，商法等及び『会社の分割に伴う労働契約の承継等に関する法律』で要求されている要件について，いわば地方税法上確認的に規定したもので，（以下省略）」

組織再編成に際しては，法人税だけでなく，登録免許税・不動産取得税のインパクトについて検討する必要がある。

組織再編成により資本金額が増加する場合には，資本金の登記に係る登録免許税についても考慮が必要です。
また，業種によっては，これら以外の登記に係る登録免許税について検討が必要となることがあるのでご留意ください（ヒヤリハット類似例1参照）。

研究 1

分割に係る不動産取得税の非課税要件に「支配関係継続要件」はある？

事例 2では分割に係る不動産取得税の非課税要件について説明しました。そこでも説明した通り，分割に係る不動産取得税の非課税要件は，法人税法上の分割の適格要件（支配関係者間の適格要件）と似ていますが，必ずしも同一ではありません。

特に注意いただきたいのが，不動産取得税の非課税要件としては，「支配関係継続要件」は課されていないという点です。このように取扱いが異なるのは，法人税法が「事業に対する支配の継続」に着目しているのに対して，不動産取得税は「営業の一部（全部）が包括的に承継されていること」に着目していることによると考えられます。

したがって，法人税法上は支配継続要件を満たさず非適格分割に該当する場合であっても，不動産取得税は非課税として取り扱われること（事例 2と逆のパターン）があるので留意が必要です。

ヒヤリハット類似例 1

無視できない？　その他の登録免許税

事例２では不動産の所有権移転登記に係る登録免許税について紹介しました。実は，権利の移転（の登記・登録）に際して登録免許税がかかるのは，不動産の所有権だけではありません。

業種によっては，この「その他の登録免許税」の負担が，想像以上に重く，組織再編成の足かせになることもあります。

以下に，登録免許税の課税対象となる権利等のうち，その移転登記（登録）費用が，特定業種の組織再編成に際して，検討しなくてはならない要素になることがあるものを挙げておきます（登録免許税法別表第一）。

・不動産の抵当権　・不動産の賃借権　・船舶
・航空機　・特許権　・商標権　・著作権

3 株式交換を行ったら配当還元価額が100倍に？

⇨ 株式交換を実施した結果，株式完全親法人の資本金等の額が増加，少数株主における配当還元価額が著しく増加した。

❶ 事　例

A社とB社は，甲氏およびその親族が株式の大半を保有している。今回，グループの事業戦略的な意図のほか，甲氏の相続税対策も兼ねて，A社を株式交換完全親法人，B社を株式交換完全子法人とする株式交換を実施した[1]。

1　A社が財産評価基本通達179に定める大会社に区分される場合には、B社をA社の子会社として甲氏はA社株式のみを保有する方が、A社とB社を兄弟会社として甲氏が両方の株式を保有するよりも、相続税評価額の合計額が少なくなることがあります。

株式交換の結果，甲氏保有財産の相続税評価額は減少したが，親族のうち配当還元方式が適用される少数株主について，その保有株式の相続税評価額が著増した。

図表1：株式交換に伴う相続税評価額の増減

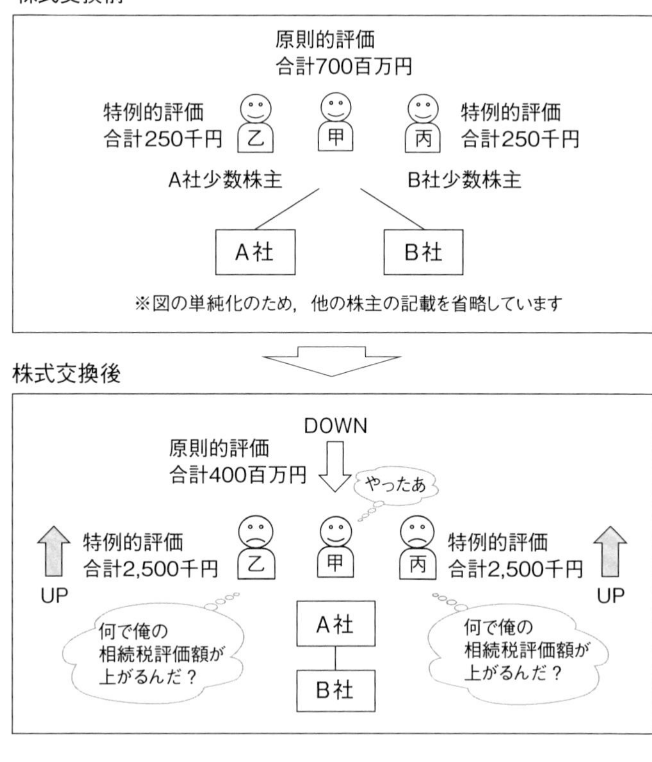

ここに注意！

株式交換・移転を行った結果，少数株主にとっての株式の評価額が著増することがある。

❷ 解　説

(1)　株式交換を行って配当還元価額が激増？

「株式交換を行った結果，配当還元価額が激増する」

そんなバカな！と思われるかもしれませんが，会社の状況によってはこのような現象が生じます。そのしくみは以下の通りです。

〈株式交換 → 配当還元価額増加のしくみ〉

(i)　株式交換により株式交換完全親法人の資本金等の額が著しく増加
(ii)　資本金等の額の増加により，配当還元価額が増加

以下では上記の(i)(ii)について順を追って説明します（株式対価の適格株式交換を想定)。

(2)　株式交換による資本金等の額の増加

株式対価の適格株式交換が行われた場合，株式交換完全親法人においては，子法人株式の取得と資本金等の額の増加を認識します。

〈株式交換完全親法人仕訳イメージ〉

借　方		貸　方	
完全子法人株式	××	資本金等の額	××

この際，株式交換完全親法人における完全子法人株式の取得価額（＝増加資本金等の額）は，株主が50人以上である場合には，完全子法人の簿価純資産価額を基礎に算定した金額となります（法令8①十，119①十ロ）[2]。

このため，子法人における内部留保が厚い場合など，増加資本金等の額が相当に大きな金額になることがあります[3]。

2　完全子法人の株主の数が50人未満の場合には，完全子法人の株主が有していた当該完全子法人の株式の株式交換直前の帳簿価額に相当する金額の合計額（法令119①十イ）。

3　完全子法人の株主の数が50人未満の場合であっても，特定の株主における株式の帳簿価額が，その株式に対応する資本金等の額に比して著しく大きい場合（典型的には過去に他株主からの株式の買い取りが行われていた場合）には，これと同様の状況が発生し得ます。

図表２：株主における株式帳簿価額の合計額と会社の簿価純資産価額との関係

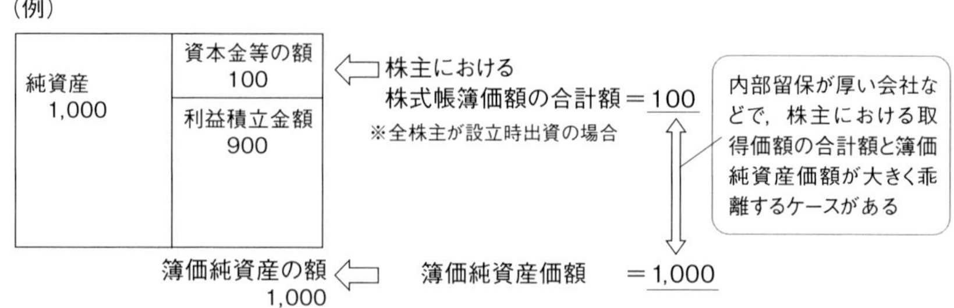

⑶　資本金等の額の増加による配当還元価額の増加

次に，資本金等の額と配当還元価額との関係について説明します。

図表３の配当還元価額の計算式を見てください。算式には，「１株当たり資本金等の額」がその要素として含まれています。

通常であれば，資本金等の額が増加すれば，(B) の金額が増加すると同時に (A) の金額が減少するため，資本金等の額の多寡が１株当たり配当還元価額に影響を与えることはありません。

図表３：配当還元価額の計算式

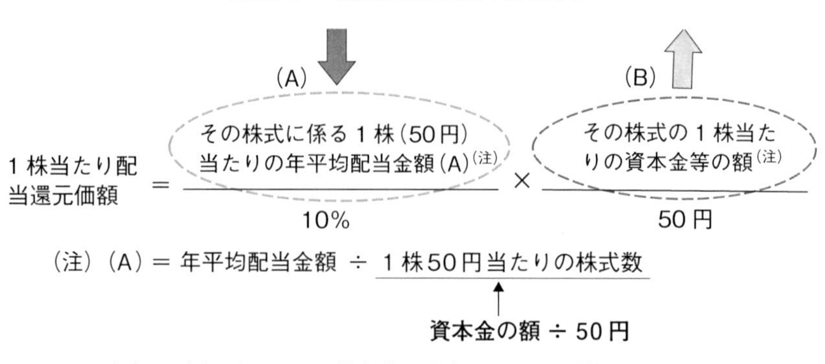

しかしながら，1株50円当たり年配当金額が2.5円未満の場合，（A）の金額は2.5円で固定されます。この結果，1株当たり配当還元価額は，「2.5円÷10%×1株当たり資本金等の額÷50円」となります。算式を整理すると，「（1株当たり）配当還元価額＝1株当たり資本金等の額×1/2」となります。このため，配当還元価額が資本金等の額に連動するという現象が生じます。

資本金等の額の増加額が配当還元価額の上昇を招く，というのは少し不合理な気もしますが，現状の配当還元価額の計算式を前提にする限り，このようなことが発生するのです。

⑷　数値例

以下に，ごく単純化した形で，株式交換に伴い配当還元価額が増加する数値例を示しました。株式交換による資本金等の額の増加の結果，少数株主（配当還元方式適用）にとっての相続税評価額が増加していることが実感できると思います。

〈数値例〉株式交換により配当還元価額が激増する？

①　前　提

A社を株式交換完全親法人，B社を株式交換完全子法人とする株式交換を実施する（交換比率[4]＝1：1。適格株式交換に該当）。株式交換直前（＝直前期末）・直後におけるA社・B社の株主構成および貸借対照表は次頁の通り。

4　株式交換比率は公正であるものとします。

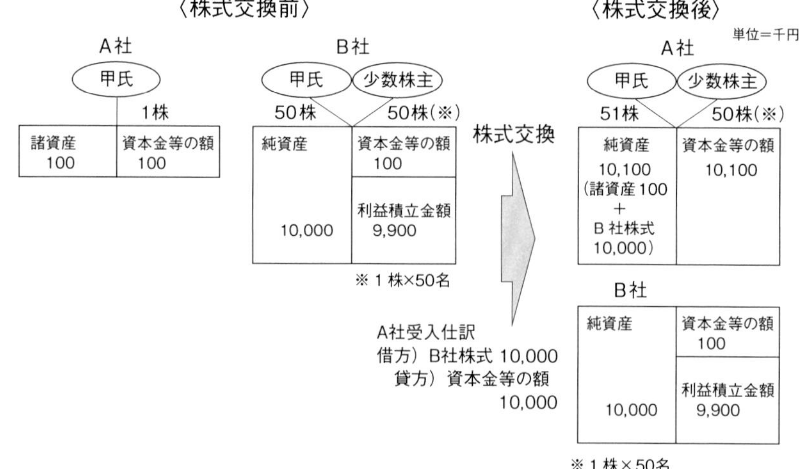

② 配当還元価額

B社少数株主（1株保有）にとっての，その保有する株式の評価額は，株式交換の前後で次の通りとなる。

※A社B社ともに過去2事業年度における配当実績がないことを前提。

株式交換前のB社の配当還元価額

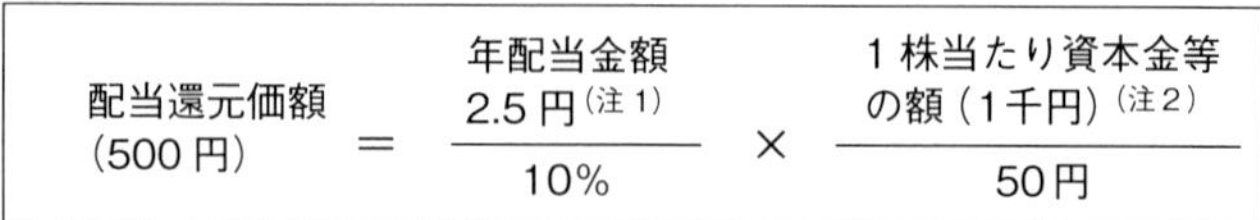

$$\text{配当還元価額（500円）} = \frac{\text{年配当金額 2.5円}^{(注1)}}{10\%} \times \frac{\text{1株当たり資本金等の額（1千円）}^{(注2)}}{50\text{円}}$$

B社株主を1株保有する少数株主にとっては，その保有する株式の評価額が，株式交換によって500円から50,000円に増加する（100倍になる）ことを意味する。

株式交換後のA社の配当還元価額

$$\text{配当還元価額（50,000円）} = \frac{\text{年配当金額 2.5円}^{(注1)}}{10\%} \times \frac{\text{1株当たり資本金等の額（100千円）}^{(注3)}}{50\text{円}}$$

（注1） 1株50円当たり年配当金額が2.5円未満（ゼロ円）であるため2.5円
（注2） 資本金等の額100千円÷発行済株式数100株＝1千円
（注3） 資本金等の額10,100千円÷発行済株式数101株＝100千円
※事例の単純化のため，小数点未満の処理は考慮しない。

4　現物出資によって課税売上割合が低下！？

⇨ 100％子会社に対して，現物出資の方法により土地を移転したところ，消費税課税売上割合が低下し，多額の控除対象外消費税が発生した。

❶ 事　例

A社はその不動産事業を，100％子会社であるB社に移転することを検討していた。移転手法として，分社型分割と現物出資が想定されたが，いずれを採用した場合も適格組織再編に該当することから，特段課税上の相違はないものと考え，現物出資の方法によることとした。

後日，当該現物出資によりＡ社の課税売上割合が著しく減少し，多額の控除対象外消費税が発生することが判明した。

現物出資による資産の移転は，消費税法上，資産の譲渡等に該当する。このため，有価証券や土地といった消費税法上の非課税資産の現物出資を行うと，現物出資法人の課税売上割合が減少する。

❷ 解　説

(1) 現物出資と分社型分割の異同

現物出資と分社型分割[1]では，その法人税法上の取扱いはほぼ同一となっています。このため，法人税法をきちんと勉強した人ほど，「(会社法上の手続きは異なるものの) 現物出資と分社型分割の税務上の取扱いは同じ」という印象を持っているようです。

法人税に関してはその理解でよいのですが，消費税については両者の取扱いは全く異なります[2]。

分割および現物出資による資産の移転に係る消費税法上の取扱いは以下の通りです。

① 分　割

分割による資産の移転は，合併による資産の移転と同様，いわゆる包括承継であって，消費税法上の資産の譲渡等（消法２①八）には該当しません。このため，消費税法上は課税対象外の取引（不課税取引）として取り扱われます。

1　分割対価が分割承継法人株式である分社型分割。

2　このほか，流通税（登録免許税・不動産取得税）の取扱いについても相違があるので注意。

②　現物出資

現物出資による資産の移転は，「金銭以外の資産の出資」として消費税法上の資産の譲渡等に含まれます（消令２①二）。この場合の資産の譲渡等の対価の額となる金額は，現物出資により取得する株式の取得の時における価額（時価）[3]に相当する金額となります（消法28①，消令45②三，③）。

このため，不動産や金銭債権，有価証券といった消費税法上の非課税資産を現物出資した場合には，現物出資法人において課税売上割合が低下することになります。これにより，現物出資財産の時価が大きく，現物出資法人の課税売上割合に及ぼすインパクトが大きい場合など，無視できない金額の控除対象外消費税（仕入税額控除の対象とならない消費税）が発生することがあります[4]。

このように，現物出資と分社型分割（株式対価）は法人税法上の取扱いは同様でも，消費税法上の取扱いは異なります。したがって，再編の手法を選択するにあたっては，法人税だけでなく消費税へのインパクトを検討する必要があります[5]。

3　法人税法上，適格現物出資に該当し，移転純資産の帳簿価額をもって分割承継法人株式の取得価額とする場合でも，消費税法上の資産の譲渡等の対価の額は交付対価の時価を基礎とします。

4　現物出資法人が課税事業者で，かつ，簡易課税を適用していない前提。

5　本書では，本事例（事例４）のほか，現物出資に関係する事例として以下を紹介しています。

- 資産と負債を合わせて現物出資した場合の消費税課税標準の計算⇒　研究２（p.20）参照
- デット・エクイティ・スワップをしたら課税が発生！?⇒　事例26（p.125）

研究 2

資産と負債を合わせて現物出資した場合の消費税課税標準の計算

課税資産のみを現物出資し，対価（株式）を得た場合には，その対価の時価が現物出資資産の譲渡等の対価の額となります。一方，現物出資資産に課税資産と非課税資産が含まれている場合には，対価の額を時価比按分して，課税資産の譲渡にかかる部分の金額を計算します（図表1）。

図表１：課税資産の譲渡等の対価の額の計算

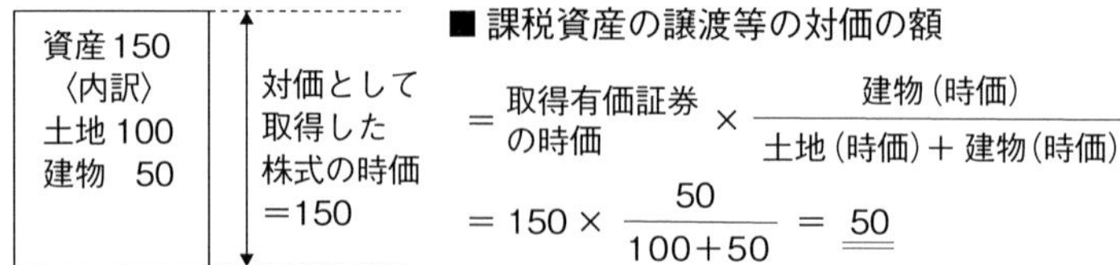

ここで，資産の現物出資に併せて負債を移転した場合，資産の時価合計と対価の額が同額ではないため，どう取り扱ったら良いのか，という疑問が生じます。

この点については，資産の時価合計をもって消費税の課税標準とするのではなく，交付された株式の時価をもって資産の譲渡等の対価の額として捉え，これを課税資産と非課税資産の時価比で按分して課税資産の譲渡等の対価の額を計算することとされています(注)（図表２）。

図表２：課税資産の譲渡等の対価の額の計算（負債の移転を伴う場合）

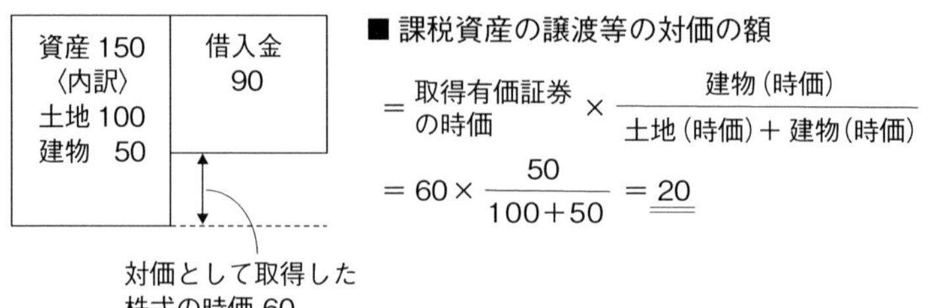

（注）　国税庁ウェブサイト＞質疑応答事例＞消費税＞現物出資の場合の課税標準
このほか，適格現物出資における消費税相当額の処理について論じた論稿として，「適格現物出資に係る消費税の取扱い」（野田秀樹，国税速報6587号）がある。

ヒヤリハット類似例　2

株式交換で消費税課税売上割合が低下!?

事例４の現物出資に並んで，消費税の取扱いに留意が必要な組織再編成として，株式交換（移転）が挙げられます。

株式交換とは，つきつめていえば株式を交換する取引です[注1]。株式交換完全子法人の株主は，株式交換完全子法人株式を株式交換完全親法人に譲渡して，対価として株式交換完全親法人株式などを取得します[注2]。

当該譲渡は，消費税法の観点からは有価証券の譲渡等に該当します。したがって株式交換完全子法人の株主にあっては消費税課税売上割合の計算上，対価の額（交付資産である株式の時価）の５％相当額が，非課税売上として分母に加算されます。このため，株式交換は，子法人株主における消費税の課税売上割合を引き下げる効果を持つことになります。

課税売上割合が低下すると，一般に，控除対象外消費税（つまり税コスト）が増加します[注3]が，追加的に発生する控除対象外消費税の額が僅少であれば，実務上はそれほど問題になりません。

しかしながら，グループ内の資本関係の整理のために株式交換を用いる場合など，譲渡対価額が（株主にとって）大きい場合には，株式交換により株主の課税売上割合が著しく減少し，多額の控除対象外消費税が発生することがあります。

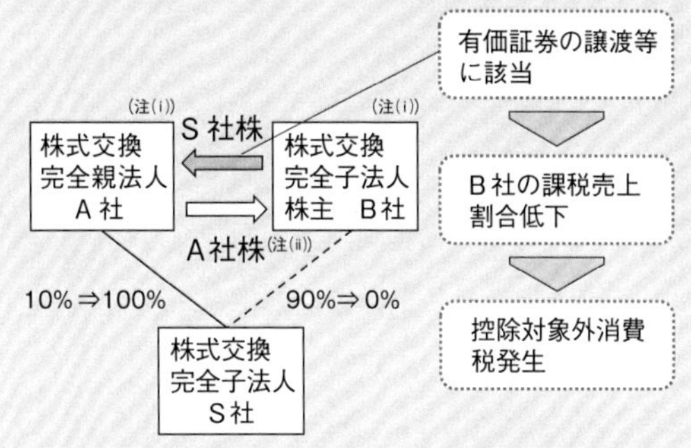

（注(i)）　A社とB社の間には同一の者による完全支配関係があるものとする。
（注(ii)）　A社がA社株式を交付する取引は，新株発行，自己株式の交付いずれによった場合についても，消費税法上は不課税取引に該当（消基通5－2－9）。

（注１）　株式交換の，正確な会社法上の定義は次の通りです。
「株式会社がその発行済株式（株式会社が発行している株式をいう。以下同じ。）の全部を他の株式会社又は合同会社に取得させることをいう」（会社法２三十一）

（注２）　対価につき無対価とすることもあり得ます。

（注３）　当該株主が①免税事業者である場合，②簡易課税を採用している場合や，③低下後の課税売上割合が95%超かつ課税売上高が５億円以下の場合についてはこの限りではありません。

5 含み損が消える!?

⇨ 抱合株式に係る含み損について，損失の実現機会が失われることを伝えなかった。

❶ 事　例

P社グループでは，X事業をS1社とS2社にて営んでおり，その資本関係は図表1の通りである。

S2社は，S1社が10年前に7億円で買収した会社であるが，現在の価値は多く見積もっても1億円程度である（つまり含み損が6億円ある)。

P社は業績の悪いS2社について，P社の直下に置いて管理することにした。その手法として，S2社という法人格は残して，適格分割あるいは適格現物分配により親会社（P社）の直下に置く方法（選択肢1）と，S2社とS1社を合併する方法（選択肢2）とが考えられた。

図表1：取引図

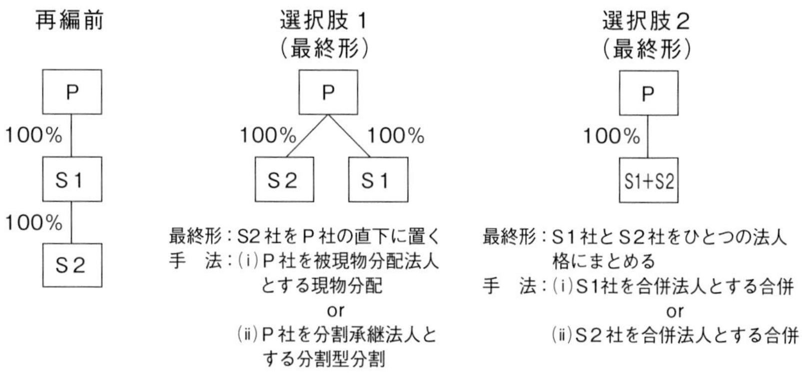

再編前

P
100%
S1
100%
S2

選択肢1
（最終形）

P
100%　100%
S2　S1

最終形：S2社をP社の直下に置く
手　法：(i)P社を被現物分配法人とする現物分配
or
(ii)P社を分割承継法人とする分割型分割

選択肢2
（最終形）

P
100%
S1+S2

最終形：S1社とS2社をひとつの法人格にまとめる
手　法：(i)S1社を合併法人とする合併
or
(ii)S2社を合併法人とする合併

P社グループは，近い将来X事業から撤退することも選択肢として想定しており，その場合，X事業がひとつの法人に集約されていた方が売却しやすい，と考え，選択肢2（合併）を採用することにした。また，合併という選択肢を採用した背景には，S2社に青色欠損金が30百万円ほどあり，合併すれば，当該欠損金を利用できるという税務上のメリットもある。なお，S1社とS2社のいずれを合併法人とするかという点については，S1社の事業規模がS2社の事業規模と比べて，圧倒的に大きいことから，S1社を合併法人とすることとした（選択肢2(i))。

100%親子法人間で合併を行うと，親法人が有している子法人株式の含み損失について，親法人において税務上損金算入する機会が失われる。
（上記事例の場合，S1社とS2社の合併により，S1社が有するS2社株式の含み損6億円につき，税務上損金とする機会が失われる。）

❷ 解　説

グループ内で組織再編成を行う場合において，採用し得る手法が複数ある場合，各手法の長所・短所を，ビジネス上，法務上，税務上の観点から検討することが多いと思います。

その際，意外と見過ごされがちなのが，「株式の帳簿価額」です。株主が対象法人の株式を将来売却することを想定している場合，株式の帳簿価額として付される金額によって，将来の株式売却損益が変わります。

以下，上記事例の選択肢１(i)[1]と選択肢２(i)を採用した場合における，P社にとって子会社株式帳簿価額の合計額について，数字を用いて説明します。

【前提】

P社はS1社の株式を100%保有。S1社はS2社の株式を100%保有。

株式帳簿価額その他の金額は以下の通り（いずれも税務上の金額）。

- P社保有S1社株式帳簿価額：　150百万円
- S1社保有S2社株式帳簿価額：700百万円
- S2社の資本金等の額：　30百万円
- S2社の利益積立金額：　70百万円
- S2社の簿価純資産価額：　100百万円

1　現物分配の原資は利益剰余金のみとします。

選択肢①　現物分配（利益剰余金を原資とする）

〈Ｐ社における受入仕訳（税務）〉　（単位：百万円）

借　方		貸　方	
Ｓ２社株式	700	受取配当 （益金不算入）	700

- Ｐ社におけるＳ２社株式税務簿価＝700百万円（法令123の６）
- **Ｐ社保有Ｓ１社株式とＳ２社株式の税務簿価合計＝ 850百万円**

選択肢②　合併（Ｓ１社が合併法人，Ｓ２社が被合併法人）[2]

〈Ｓ1社における合併受入仕訳〉　（単位：百万円）

借　方		貸　方	
純資産	100	資本金等の額	30
		利益積立金額	70
資本金等の額	700	Ｓ２社株式	700

- Ｐ社における仕訳 → 特になし
- **合併後のＰ社保有Ｓ１社株式帳簿価額＝ 150百万円**

現物分配（利益剰余金を原資）を行った場合のＰ社が保有するＳ１社株式とＳ２社株式の帳簿価額の合計額は850百万円になるのに対し，合併を行った場合のＰ社が保有するＳ１社株式の帳簿価額は150百万円となります。これはつまり，これら株式を仮に合計500百万円で売却した場合，前者（現物分配）においては350百万円の譲渡損が発生するのに対し，後者（合併）においては

2　なお，Ｓ２社が合併法人である場合の，Ｓ２社およびＰ社における仕訳，および，Ｐ社におけるＳ２社株式の帳簿価額は以下の通り。

Ｓ２社仕訳

借　方		貸　方	
純資産	100	資本金等の額	30
		利益積立金額	70
資本金等の額	700	Ｓ２社株式	700

Ｐ社（被合併法人株主）における仕訳

借　方		貸　方	
Ｓ２社株式	150	Ｓ１社株式	150

Ｐ社におけるＳ２社株式の簿価＝150百万円

350百万円の譲渡益が発生することを意味します。

なぜこのようなことが生じるのでしょうか。それは，S１社とS２社の合併（順合併）により，S１社が有するS２社株式の帳簿価額がS１社の資本金等の額に振り替えられるからです（上記①と②の譲渡損益の差額（700百万円）は，S１社が有するS２社の帳簿価額（700百万円）に相当します）。

将来，S２社株式を売却する可能性がないのであれば，これらの相違はそれほど問題となりませんが，S２社株式を売却する可能性がある場合には，合併により生じる「帳簿価額の消失」を見落とすことは，手痛いミスとなります。

組織再編成の各選択肢の長所・短所を比較する際には，組織再編成の瞬間に生じる損益だけでなく，その再編が株式の帳簿価額にどのような影響を与えるかという点についても目を向ける必要があるでしょう。

100%親子合併が行われた場合，子会社株式に係る含み損の損金算入機会は失われる。

「抱合株式消却損」って，特別損失に計上されるんじゃないんですか？

会計上の処理にかかわらず，税務上は，抱合株式に係る(※)帳簿価額相当額は資本金等の額から減額されます。

（※）【抱合株式】合併法人が合併直前に有していた被合併法人の株式
（法法24②，法令８①五）

6 株式併合に組織再編税制が適用される？

⇨ 株式併合を用いたスクイーズアウトが「株式交換等」に該当，組織再編税制が適用され，対象会社において時価課税が発生することに気づかなかった。

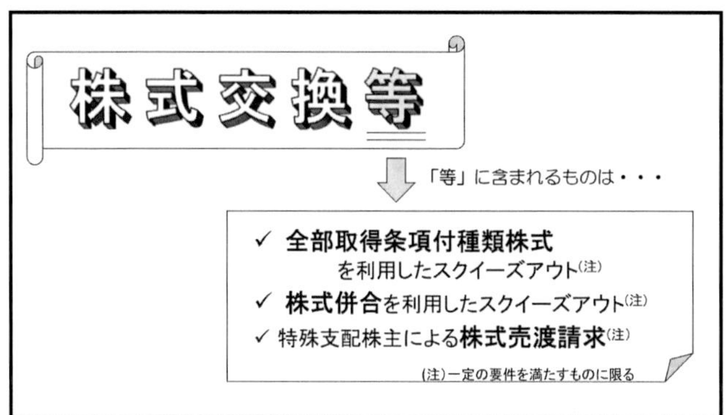

❶ 事　例

A社はB社の株式を80%保有している。残りの20%は取引先およびA社の創業者一族が保有している。

今般，B社の事業に関してX社からの資本参加の申し出があった。協議の結果，B社株式について，A社が49%，X社が51%保有する方向で，その手法を検討することとなった。

検討の結果，株式併合を用いて少数株主をスクイーズアウトし，A社がB社株式を100%保有してから，A社からX社にB社株式51%を譲渡することとした。

図表1：取引図

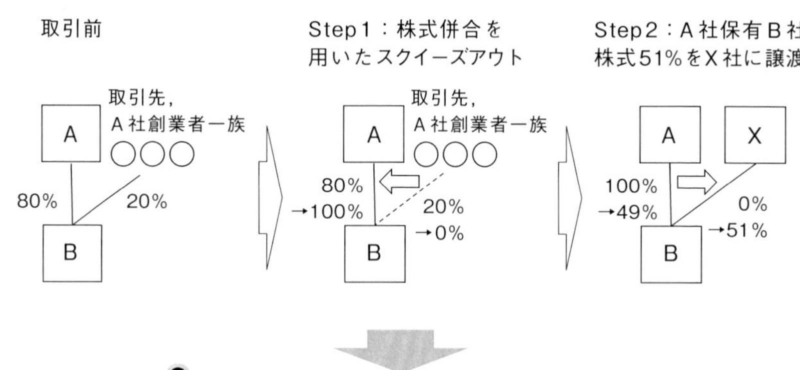

ここに注意!

残存株主が法人1社となる株式併合（を利用したスクイーズアウト）は「株式交換等」に該当し，組織再編税制が適用される（＝適格要件を満たさない場合には，時価課税が行われる）。

❷ 解　説

⑴ 「株式交換等」の範囲

平成29年度税制改正により，一定の要件を満たす①特別支配株主による株式売渡請求，②株式併合（を用いたスクイーズアウト），③全部取得条項付種類株式を用いたスクイーズアウト，について「株式交換等」として組織再編税制が適用されることになりました（法法2十二の十六，十七）。

これは株式交換と同等の経済効果を持つ取引については，株式交換と同様の課税を行うという趣旨によるものです。

ここで，株式併合を用いたスクイーズアウトが「株式交換等」に該当する要件は，以下の通りとなります。

〈「株式交換等」に該当する株式併合を用いたスクイーズアウトの要件〉
（法法2十二の十六）

(i)　最大株主等（注1）が法人であること (ii)　最大株主等以外のすべての株主等（注2）の有することとなる株式が端数となること (iii)　対象法人と最大株主等（法人）との間に最大株主等による完全支配関係が成立すること

（注1）　対象法人の株主等のうち，その有する対象法人の株式が最も多い者。
（注2）　対象法人および最大株主等との間に完全支配関係がある者を除く。

本事例の場合，(i)最大株主等はA社（法人）であり，かつ，(ii)A社以外のすべての株主の有する株式が端数となります（＝(iii)A社とB社との間にA社による完全支配関係が成立する）。したがって上記(i)～(iii)の要件を満たし，本件取引は「株式交換等」に該当します。

ここで，株式交換等完全親法人はA社，株式交換等完全子法人はB社となります。

(2)　株式交換等の適格要件

「株式交換等」に該当する場合，組織再編税制が適用されますので，適格要件を満たさなければ，株式交換等完全子法人（＝本事例ではB社）の有する一定の資産[1]について時価評価損益が計上されます。

本事例の場合，株式交換等実施後に，A社がB社の株式51%をX社に譲渡することが見込まれているため，「支配関係者間の適格株式交換等」の要件[2]を満たし得ません（株式併合については「共同事業による適格」はありません（p.31「参考2」参照）。

したがって，本件株式併合を利用したスクイーズアウトは「非適格株式交換等」に該当，B社が有する一定の資産（時価評価資産）[3]の評価損益について，

1　固定資産，土地，有価証券，金銭債権，繰延資産で政令で定めるもの以外のもの（法法62の9）。
2　株式交換等の適格要件の概要については，巻末の参考資料❶(3)（p.183）を参照。
3　上記脚注1を参照のこと。

A社が一株未満の株式のすべてを買い取った日[4]の属する事業年度において，益金（損金）の額に算入することとなります（法法62の9）。

参考 1

「株式交換等」に該当させない！？

❷(1)において説明した通り，「株式交換等」に該当するのは株式併合により最大株主等（注1）のみが残存株主となる場合です。したがって，株式併合後の残存株主が2社（注2）以上となる場合には,「株式交換等」に該当しません（法法2十二の十六)。

したがって，本事例の場合，スクイーズアウトを行ってからX社に株式譲渡を行うのではなく，先にX社に対してB社株式の譲渡を行ってから，A社とX社の2社を残す形でスクイーズアウトを行えば，当該スクイーズアウトは「株式交換等」に該当せず，B社における時価評価課税が発生しないこととなります（図表)。

図表：株式譲渡後に2社を残すスクイーズアウトを行った場合

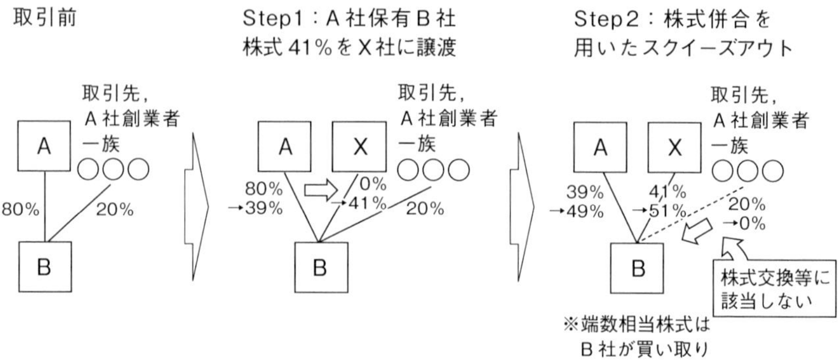

（注1） 最大株主等と完全支配関係を有する者を含みます。
（注2） 完全支配関係を有さない2社。

4　法基通1-4-1　注2(2)ロ

参考２

株式併合，株式売渡請求には，「共同事業による適格」・「完全支配関係者間の適格」がない！

一般に，適格組織再編成の種類としては①完全支配関係者間の適格組織再編成，②支配関係者間の適格組織再編成，③共同事業による適格組織再編成の３種類があります[注1,2]。

株式交換についてもこの３タイプの適格再編があるのですが，株式交換等の「等」の方，つまり，全部取得条項付種類株式を利用したスクイーズアウト，株式併合を利用したスクイーズアウト，株式売渡請求については，「完全支配関係者間の適格」「共同事業による適格」がありません。

これらの再編の場合，取引実施前において株式交換等完全親法人と株式交換等完全子法人との間に支配関係があり，「支配関係者間の適格組織再編成」の要件充足を検討することがほとんどでしょうから，実務上は問題になることは少ないと思われます。ただ，説明用の資料などを作るときにうっかり混同しないように気を付けたいものです。

（注１）　現物分配を除く（巻末参考資料❶(5)，p.184参照）。
（注２）　分割型分割，株式分配については，いわゆる「スピンオフ」としての適格組織再編成があります（巻末参考資料❶(2)(4)，p.181，184参照）。

7 繰延譲渡損益に気をつけろ

⇨ 合併に際して，被合併法人株式に係る繰延譲渡損益（過去にグループ法人税制適用）につき，取崩益が生じることを失念していた。

❶ 事　例

P社税務担当者は，子会社S1社とS2社の合併（無対価合併）について，課税関係の検討を行った。S1社とS2社は10年以上前に設立され，設立以来一貫してP社との間に完全支配関係がある（ただし，グループ内での株主の移動あり）。

図表1：取引図

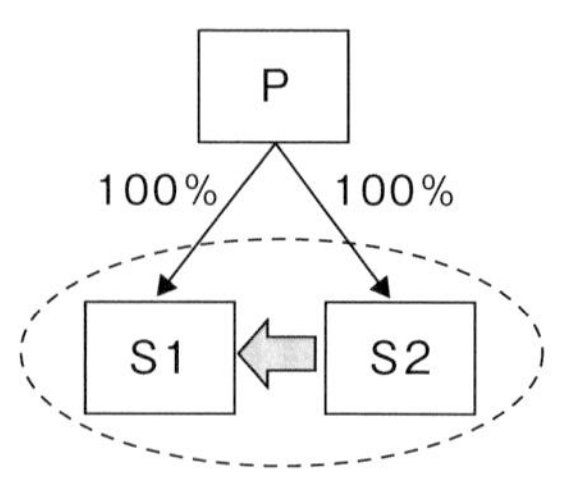

100%兄弟間合併
（S1＝合併法人，S2＝被合併法人）

100％兄弟会社間の無対価合併であること，合併後，P社とS1社との間に完全支配関係の継続が見込まれることから，担当者は，本件合併は完全支配関係者間の適格合併の要件を満たし，合併により特段の課税関係は発生しないものと判断した。

またS1社とS2社の間の支配関係が10年超継続していることから，欠損金の制限，特定資産譲渡等損失の損金算入制限ともに課されないものと判断した。

その後，合併の直前になって，本件合併を行うと，100％グループ会社であるS3社において，繰延譲渡益の取崩し・益金算入が必要となることが判明した。

これは，過去にS3社からP社に対してS2社株式の譲渡が行われており，当該譲渡に係る繰延譲渡益について，株式の発行法人であるS2社の合併による消滅に伴い，取崩し・益金算入が必要となることによるものである。

ここに注意！

譲渡損益調整資産である株式の発行法人が被合併法人として消滅する場合には，当該合併が適格合併・非適格合併のいずれに該当するかにかかわらず，繰延譲渡損益の取崩しが必要となる。

❷ 解　説

(1)　繰延譲渡損益の取崩理由

グループ法人税制の適用により，資産の譲渡損益について繰り延べが行われた場合，その後，一定の事由（図表2参照）が生じた場合に，当該繰延譲渡損益について取崩しが行われます。

譲渡損益調整資産である株式の発行法人を被合併法人とする合併が行われ，当該株式が消滅した場合も，繰延譲渡損益の取崩事由（譲渡等）に該当すると考えられます[1]。

1　参考：国税庁ウェブサイト＞文書回答事例＞平成24年8月3日札幌国税局「グループ法人税制における譲渡損益の実現事由について」

図表２：繰延譲渡損益取崩事由

	取崩事由	取崩額	根拠条文
譲渡等	譲渡，貸倒れ，除却その他これらに類する事由[2]	全部	法令122の14④一イ
	適格分割型分割による分割承継法人（グループ外）への移転	全部	法令122の14④一ロ
	譲渡損益調整資産と同一銘柄の有価証券の譲渡	部分	法令122の14④六
減価償却/償却	減価償却資産の減価償却費の損金算入	部分	法令122の14④三
	繰延資産の償却費の損金算入	部分	法令122の14④四
	償還有価証券の調整差損益の益金・損金算入	部分	法令122の14④七
評価損益の計上	資産の評価換えによる評価損益の損金・益金算入	全部	法令122の14④二，五
	連結納税の開始・加入時の資産の時価評価損益の計上（注１）	全部	法法61の13④（注２）
完全支配関係喪失	譲渡法人と譲受法人の完全支配関係が喪失すること	全部	法法61の13③
その他	譲受法人が公益法人等に該当することとなったこと	全部	法令122の14④一ハ

（注１） 令和２年度税制改正により，連結納税制度はグループ通算制度に移行することとされた（令和４年４月１日以後に開始する事業年度から適用）。
（注２） 令和４年４月１日以後開始事業年度については61の11④。

⑵ 事例による検討

① 完全支配関係者間の株式譲渡

図表３のStep１のような資本関係にある法人間で，資本関係を整理するために，Ｓ３社からＰ社にＳ２株式を譲渡したとします（Step２）。その場合，Ｐ社とＳ３社間には完全支配関係がありますので，当該譲渡に係る譲渡益500については，Ｓ３社において繰り延べる処理が行われます（譲渡益相当額500を損金の額に算入する）（法法61の13①[3]）。

2 譲渡損益調整資産である株式の発行法人が取得（自己株取得）して消却した場合もこれに該当するものと考えられます（参考：国税庁ウェブサイト＞文書回答事例＞平成29年11月29日 広島国税局「グループ法人税制で繰り延べた譲渡利益の戻入の要否」）。
3 令和４年４月１日以後開始事業年度については61の11①。

② S2社を被合併法人とする合併

その後，S1社を合併法人，S2社を被合併法人とする合併を行ったとします（Step 4）。この場合，譲渡損益調整資産であるS2社株式が消滅することになりますので，S3社において，①において繰り延べられた譲渡益相当額500を益金の額に算入します（法法61の13②[4]，法令122の14④一イ）[5]。

図表3：株式譲渡後に合併が行われた場合の繰延譲渡損益の取扱い

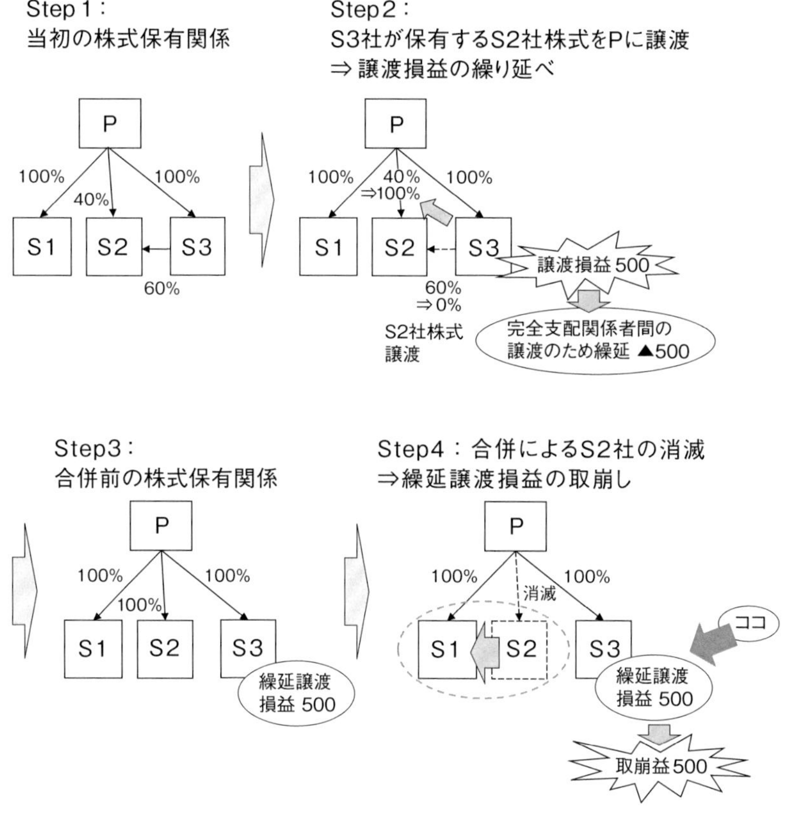

4　令和4年4月1日以後開始事業年度については61の11②。

5　無対価適格合併による被合併法人株式の消滅についても，法人税法上は，「譲渡」として取り扱われます（法法61の2②）。

このように，過去にグループ法人税制の適用がなされた株式（譲渡損益調整資産）の発行法人（S２社）を被合併法人とする合併を実行すると，合併の結果，合併当事者（S１社とS２社）ではない法人（S３社）において課税が発生するという事態が生じます[6]。

合併を行う当事者（S１社とS２社）と
繰延譲渡損益の帰属する法人（S３社）が
異なるので，なかなか気づきにくいですよね。
繰延譲渡損益に関する情報を，
グループ内でしっかり共有・管理
することが重要と思われます。

6　合併法人と被合併法人が逆の場合：上記事例において，合併法人と被合併法人が逆である場合，つまり，S２社を合併法人，S１社を被合併法人とする合併を行う場合には，S２社株式が消滅することはないので，繰延譲渡損益の取崩しは不要です。

研究 3

100%グループ内適格合併と繰延譲渡損益の取崩し

事例7を読んで，「100%グループ内の適格合併が行われた場合，繰延譲渡損益の取崩しは行われないのではなかったかしら？」と思われる方もあるかもしれません。

確かに，そのような例外措置はあります。でもそれは，次のようなケースです（カッコ内は事例7における法人名）。

繰延譲渡損益の取崩しが行われない適格合併

1．**譲渡法人（S3社）を被合併法人**とする100%グループ内の適格合併（注1）により譲渡法人が解散した場合（法法61の13③一）（注2）
2．**譲受法人（P社）を被合併法人**とする100%グループ内の適格合併により譲受法人が解散した場合（法法61の13③二）（注3）

〈上記の場合における取扱い〉

1の場合：当該合併法人を譲渡法人とみなして，各規定（繰延譲渡損益の取崩しの規定等）を適用する（法法61の13⑤）（注4）

2の場合：当該合併法人を譲受法人とみなして各規定（繰延譲渡損益の取崩しの規定等）を適用する（法法61の13⑥）（注5）

事例7の場合，被合併法人は譲渡株式の発行法人なので，上記の除外事由には当てはまりません。

（注1）　譲渡法人を被合併法人，譲渡法人との間に完全支配関係がある内国法人を合併法人とする適格合併。
（注2）　令和4年4月1日以後開始事業年度にあっては61の11③一。
（注3）　令和4年4月1日以後開始事業年度にあっては61の11③二。
（注4）　令和4年4月1日以後開始事業年度にあっては61の11⑤。
（注5）　令和4年4月1日以後開始事業年度にあっては61の11⑥。

研究 4

組織再編成に際しての検討事項

本セクションでは，検討もれにより予想外の税金が発生してしまった事例を紹介しました。
組織再編成の実施にあたって，①適格組織再編成の該当性，②欠損金の制限，特定資産譲渡等損失の損金算入制限の有無，については，慎重に検討するものの，それ以外の課税関係については，検討がもれてしまうことが少なからずあるようです（もちろん，検討していなくても特段の不利益は生じないケースもありますが）。

以下には，⑴検討もれにより生じるその他の税務問題の例をいくつか紹介するとともに，⑵組織再編成を実施する場合に検討が必要と思われる主な税務項目を列挙しました。

〈組織再編に係る組織再編税制以外の税務問題の例〉

例１：消費税仕入税額控除

SPCを利用した買収（買収後，SPCを被合併法人，対象会社を合併法人とする合併によりSPCは消滅）において，合併事業年度においてSPCに消費税の課税売上がない（非課税売上である預金利息のみ）ことから，買収に係る各種費用に係る消費税の仕入税額控除がとれなかった。

例２：過大支払利子税制

対象会社の買収，その後，当該会社を被合併法人とする合併を計画，適格合併の要件の充足等を仔細に検討した。買い手法人では，買収に際して，海外子会社から多額の借り入れを行っていて，過大支払利子税制の適用により支払利息の損金不算入が生じた。

例３：贈与税

法人税の適格要件を満たすようにストラクチャーを組んだが，株主間での利益移転が生じ，みなし贈与課税が行われた。

〈組織再編成を実施する場合における税務検討項目の例〉

主体	項目	
再編当事者における課税	法人税	適格組織再編成に該当するか否か
		欠損金制限，特定資産譲渡等損失の損金算入制限の適用有無
		グループ法人税制の適用有無
		支配関係喪失に伴う繰延譲渡損益の顕在化の有無
		連結納税/グループ通算制度への加入・離脱に係る課税関係
		組織再編成による株式帳簿価額への影響
	諸説	流通税（登録免許税・不動産取得税）へのインパクト
		組織再編成による資本金等の額の増減による資本割への影響
		消費税へのインパクト
株主課税	法人税・所得税	課税の繰延べが行われるか否か
		みなし配当が生じる場合，その課税関係
		（個人が課税される場合）所得の区分（譲渡所得または配当所得）
		組織再編成による株式帳簿価額への影響
	他	（非上場株式の場合）株式の評価額への影響
当事者&株主		時価取引に該当するか？ 時価取引ではない(利益の移転が発生している)場合，どの主体にどのような課税関係が生じるか（寄附金，受贈益，みなし譲渡(所得税)，贈与税等）

※上記は，ごく典型的な例のみを挙げています。実施する再編の内容によって，上記以外にも検討すべき項目が生じることがあります。

§2

適格要件では「無対価」「副次再編」に要注意

会社が組織再編成を行う場合，その組織再編成が適格組織再編成に該当するか否かで，課税関係は大きく変わります。
それだけに，間違った判断をしてしまうと，その影響は計り知れません。
適格要件を充足しているか否かは，その多くが事実認定の問題となるところですが，条文の解釈ミスから生じるヒヤリハットもあります。本セクションでは，条文の解釈ミスから生じる適格要件のヒヤリハットを7例紹介します。

※組織再編成の適格要件の概要については，本書末（p.180～）に示してありますので，参考にしてください。

8 適格再編となり得る無対価組織再編成の範囲

⇨ 無対価組織再編成が適格再編に該当し得るのは，組織再編成の当事者が一定の資本関係にある場合に限られることを見落とした。

いま、S2社を分割法人、P社を分割承継法人とする分割を計画しているんですけど、

これって、適格分割に該当しますか？

資本関係はこんな感じ

P
100%
S1
100%
S2
分割

完全支配関係者間の分割ですね。

P社とS2社の完全支配関係は継続見込みですか？また、分割対価として金銭は交付しますか？

完全支配関係は継続見込みです。また、対価は交付しません。

金銭等不交付要件と、完全支配継続要件、両方とも充足しているな。

よし、

この分割は適格分割に該当します。

キッパリ

「無対価」を見落としている！

❶ 事　例

図表１：取引図※

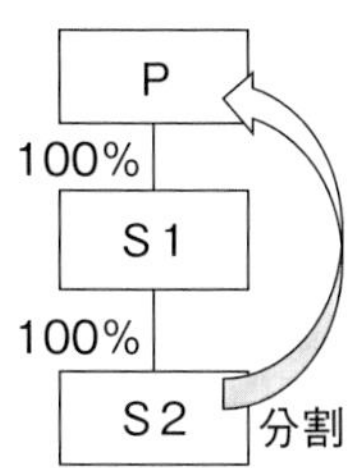

Ｐ社はその孫会社であるＳ２社の事業の一部をＰ社に移転することを計画した。分割対価としてＰ社株式をＳ２社に交付すると，Ｓ２社がＰ社の株主になることになり，資本関係が複雑になることから，分割対価の交付は行わないこととした。

Ｐ社は本件分割が適格分割に該当するかの検討を行い，本件分割は以下の２要件を満たすことから，適格分割に該当するものと判断した。

※　Ｐ社を完全支配する者はいない（＝Ｐ社とＳ２社との間に，Ｐ社による完全支配関係はあるが，同一者による完全支配関係はない）

〈完全支配関係者間の適格分割の要件〉（法法２十二の十一イ，法令４の３⑥）

(i)　金銭等不交付
(ii)　完全支配関係の継続

ここが間違い！

無対価分割については，分割法人と分割承継法人が一定の関係にある場合にのみ，適格分割に該当し得る。

❷ 解　説

(1)　無対価分割の適格要件

組織再編成税務に関する入門的な解説書やウェブサイトをみてみると，完全支配関係者間の分割の適格要件として上記の２要件が掲げられていることが多いようです。

たしかに，上記２要件のみが適格要件となるケースも多いのですが，無対価分割については，上記の他に「分割法人と分割承継法人が一定の関係にあること」という要件が加わります[1]。これは，「無対価の組織再編成のうち，対価の交付を省略していると考えられる類型のみを適格組織再編成に該当し得るものとして取り扱う」という趣旨で設けられているものです。

この「一定の関係」を本事例（孫会社を分割法人とする無対価分割）に即して説明します。

(2) 孫会社を分割法人とする無対価分割の適格要件

まず本件分割は，法人税法上，吸収分割型分割に該当するものとして取り扱われます[2]（法法２十二の九ロ)。そして，分割法人（S２社）と分割承継法人（P社）との間に分割承継法人（P社）による完全支配関係がありますが，両者の間に同一者による完全支配関係はありません。

このような無対価分割（吸収分割型分割。分割承継法人による完全支配関係あり・同一者による完全支配関係なし）が適格分割に該当するためには，分割承継法人が分割法人の株式を全部保有していることが必要とされます（法令４の３⑥一イ)[3]。

本事例では，P社とS２社との間にP社による完全支配関係はありますが，P社はS２社株式を直接保有してはいませんので，この要件を満たさないことになります[4]。したがって，本件分割は，適格分割には該当しません。

(3) 適格分割に該当し得る無対価分割の類型―同一者による完全支配関係がある場合（参考）

上記(2)では，無対価分割が適格分割に該当し得る一定の関係について，一方の法人による完全支配関係がある（同一者による完全支配関係はない）ケースを念頭に，説明を行いました。

1　このほか，株式を交付する分割型分割にあっては，分割法人の各株主が保有する株式数に応じて分割承継法人株式が交付されること（按分型分割）が必要とされます。

2　法人税法における定義規定（法法２十二の九）において，分割法人（S２社）が分割承継法人（P社）株式を有していない無対価分割は分割型分割に該当するものとされています。

3　このほか，当事者間の完全支配関係がある無対価分割が適格分割に該当し得る類型として，「分割法人が分割承継法人の株式を全部保有する場合」があります（法令４の３⑥一ロ）。

4　仮にP社がS２社の株式を全部保有している場合，完全支配関係の継続見込要件は課されません（法令４の３⑥一イ）。

一方，同一者による完全支配関係がある場合において，無対価分割が適格分割に該当し得るためには，以下の(i)または(ii)のいずれかに該当する必要があります。

〈適格分割に該当し得る無対価分割の類型〉（同一者による完全支配関係）

(i)　分割承継法人が分割法人の株式のすべてを保有している場合（法令４の３⑥二イ(1)，ロ）

(ii)　分割承継法人の株主等（当該分割法人および分割承継法人を除く）および分割承継法人の株主等（当該分割承継法人を除く）のすべてについて，以下の等式が成立する場合（法令４の３⑥二イ(2)）

$$\frac{\text{その者が保有する当該分割法人の株式の数}}{\text{当該分割法人の発行済株式等の総数}^{(注1,2)}} = \frac{\text{その者が保有する当該分割承継法人の株式の数}}{\text{当該分割承継法人の発行済株式等の総数}^{(注1,3)}}$$

（注１）　自己株式を除く。
（注２）　当該分割承継法人が保有する当該分割法人の株式を除く。
（注３）　当該分割法人が保有する当該分割承継法人の株式を除く。

(4)　適格分割に該当し得る無対価分割の類型

次頁に，適格分割に該当し得る無対価分割の例を示しましたので，参考にしてください。

(1)100%親子関係-①

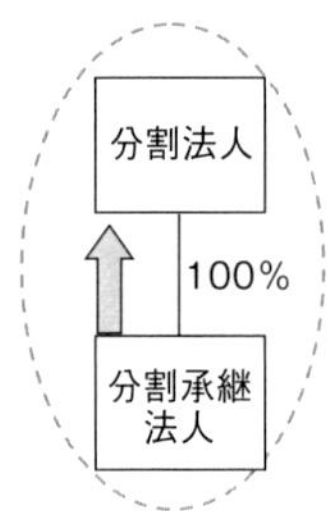

分割法人が分割承継法人の発行済株式の全部を保有する関係
(法令4の3⑥一ロ, 二ロ)

(2)100%親子関係-②

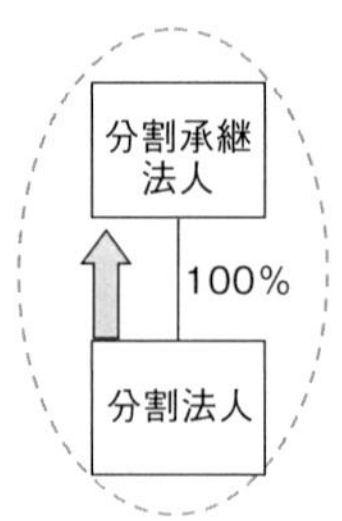

分割承継法人が分割法人の発行済株式の全部を保有する関係
(法令4の3⑥一イ, 二イ(1))

(3)100%兄弟関係

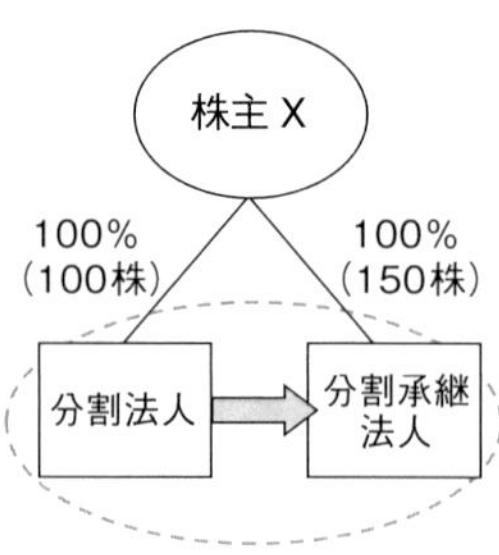

株主Xについて上記(ii)の算式が成立 (法令4の3⑥二イ(2))

$$\frac{100株}{100株}(100\%)=\frac{150株}{150株}$$

(4)100%親子・兄弟の混合関係

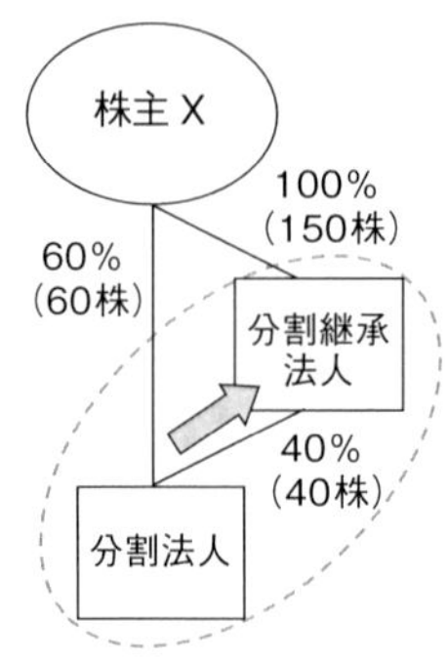

株主Xについて上記(ii)の算式が成立
(法令4の3⑥二イ(2))

$$\frac{60株}{(100-40)株}(100\%)=\frac{150株}{150株}(100\%)$$

(5)株主間同比率での兄弟関係

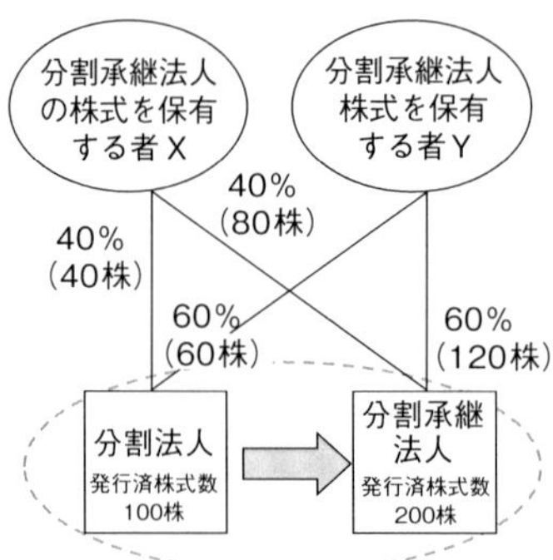

株主X, Yについて上記(ii)の算式が成立
(法令4の3⑥二イ(2))

$$株主X:\frac{40株}{100株}(40\%)=\frac{80株}{200株}(40\%)$$

$$株主Y:\frac{60株}{100株}(60\%)=\frac{120株}{200株}(60\%)$$

研究５

適格合併に該当し得る無対価合併

事例８では適格分割に該当し得る無対価分割の類型について説明しました。これと同様に，無対価合併や無対価株式交換についても，これらが適格組織再編成に該当するには，再編当事者が一定の関係にある必要があります。以下に，無対価合併が適格合併に該当するための要件を記載します。分割の場合と異なる部分があるため，注意が必要です。

〈無対価合併が適格合併に該当する場合〉（①②のいずれか）

①　合併法人が被合併法人の発行済株式の全部を保有している場合

②　被合併法人および合併法人の株主等（当該被合併法人および合併法人を除く）のすべてについて，以下の等式が成立する場合

$$\frac{\text{その者が保有する当該被合併法人の株式の数}}{\text{当該被合併法人の発行済株式等の総数}^{(注1)}} = \frac{\text{その者が保有する当該合併法人の株式の数}}{\text{当該合併法人の発行済株式等の総数}^{(注2)}}$$

留意事項：等式が成立することが必要な株主から除外される株主の範囲（上記下線部）が，分割の場合と異なります（注3）（事例８(3)（p.45）を参照）。

（注１）　当該合併法人が保有する当該被合併法人の株式を除く。
（注２）　当該被合併法人が保有する当該合併法人の株式を除く。
（注３）　被合併法人を分割法人，合併法人を分割承継法人と置き換えて考えた場合。

9 「同一の者」の解釈のあやまり

⇨「同一の者」には，個人の場合その親族等が含まれるところ，これを失念，適格判定を誤った。

❶ 事　例

甲氏は，Ａ社とＢ社の株式を100％保有している。甲氏は両社を合併（合併法人＝Ａ社）した上で（Step１），Ａ社株式を全株，息子に贈与し（Step２），非上場株式の納税猶予を適用することを検討している。

甲氏が税理士乙に対して，Step１の合併が完全支配関係者間の適格合併に該当するか質問したところ，以下のような回答を得た。

『合併直前においては，Ａ社とＢ社の間には同一者（甲氏）による完全支配関係があるが，合併後にＡ社の株主が甲氏からその息子に変更となることから，同一者による完全支配関係の継続が見込まれているとはいえず，適格合併に該当しない。』

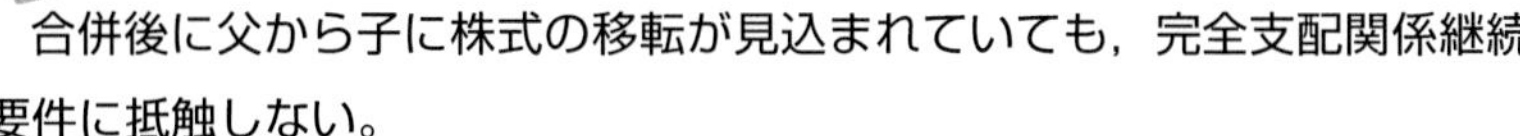

ここが間違い！

合併後に父から子に株式の移転が見込まれていても，完全支配関係継続要件に抵触しない。

❷ 解　説

⑴　完全支配関係の合併適格要件

上記事例ではＡ社とＢ社は，同一の者（父）により完全支配される関係にあります。

完全支配関係者間の合併の適格要件（同一者による完全支配関係）は次の通りです（法法２十二の八イ，法令４の３②二）。

〈合併適格要件（同一の者による完全支配関係）〉※カッコ内は本事例の場合

(i)　合併により合併法人株式[1]（Ａ社株式）のみが交付されること（あるいは一定の無対価合併に該当すること[2]）
(ii)　合併前において合併法人と被合併法人との間に同一の者による完全支配関係があること
(iii)　合併後に合併法人（Ａ社）と同一の者との間に(ii)の同一者による完全支配関係が継続することが見込まれていること

⑵　「同一の者」の範囲

上記(ii)(iii)の要件にある「同一の者」の範囲ですが，「一の者」が個人の場合には，本人とその親族などの特殊関係がある個人を指します（具体的な範囲

1　このほか，いわゆる三角合併における合併親法人株式等を交付する場合も適格合併に該当し得ますが，これについては説明を割愛します。

2　適格合併に該当し得る無対価合併の類型は限定されていますが，本事例の場合Ａ社とＢ社はその株式の全部を父により保有されている（＝100％兄弟会社である）ため，適格合併に該当し得る類型に該当します（法令４の３②二）。

は下表参照)。

「一の者」に含まれる特殊関係者(法令4の2①,4①)

一	親族※
二	婚姻の届出をしていないが事実上婚姻関係と同様の事情にある者
三	(個人の)使用人
四	上記三号に掲げる者以外の者でその者から受ける金銭その他の資産によって生計を維持しているもの
五	上記二から四に掲げる者と生計を一にするこれらの者の親族

※親族の範囲

親族とは,次の者を指します(民法725)。

- ✔ 六親等内の血族
- ✔ 配偶者
- ✔ 三親等内の姻族

父と子は親族ですから,まとめて「一の者」として取り扱われるわけです。したがって,合併後にA社の株主が父から子に変更することが見込まれていても,これらは同じ「一の者」ですから,「同一の者による完全支配関係の継続見込みがある」ことになります。

よって本合併は,上記適格要件の(ii)(iii)を満たすとともに,100%兄弟会社間の無対価合併(注)であることから上記要件の(i)も満たし,適格合併に該当することになります。

(注) 100%兄弟会社間の合併は適格合併に該当し得る無対価合併の類型に該当します(事例8,10を参照)。

ヒヤリハット類似例 3

父が全株保有する会社と子が全株保有する会社の合併

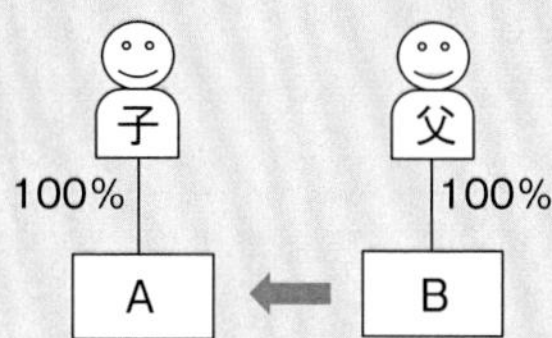

事 例 上記のような関係にあるA社とB社の合併（合併法人＝A社，合併対価＝A社株式）について，株主が別の個人であることから「完全支配関係者間の適格合併」に該当しないものと判断した。

解 説 事例9で解説した通り，（完全）支配関係の判定における「同一の者」には，個人については親族等を含みます。したがって，上記A社とB社は同一の者による完全支配関係があることになります。このため，合併対価としてA社株式が交付されること，合併後，父・子によるA社への完全支配関係が継続することが見込まれることを前提に(注1)，上記合併は適格合併に該当します(注2)。

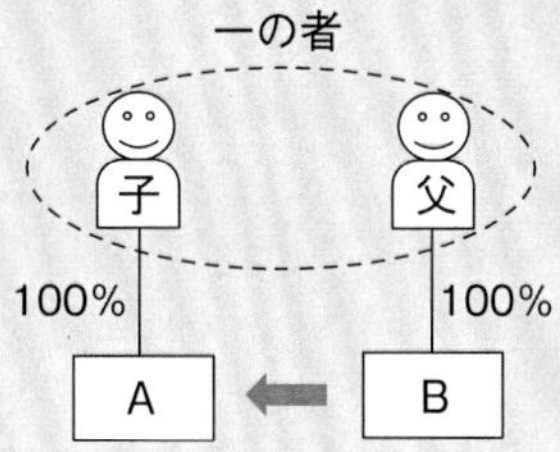

- ✔ 完全支配関係の判定上、父と子は「同一の者」に該当
- ✔ 父と子によるA社への完全支配が継続することが見込まれる前提において適格合併に該当

（注1）　孫などの他の親族に株式が移転することが見込まれる場合にも完全支配関係継続要件は充足します。

（注2）　上記事例において，合併対価がない場合（無対価合併）には、適格合併に該当し得ない点留意してください（事例10参照）。

10 無対価組織再編成と「一の者」

⇨ 無対価組織再編成における「一の者」の範囲に，個人の場合，親族等が含まれないことに気づかなかった。

⇩

注意！無対価の「一の者」は親族を含まない。

❶ 事　例

甲氏はＡ社の株式を100％保有している。甲氏の息子である乙氏はＢ社の株式を100％保有している。

今回，Ｂ社を合併法人，Ａ社を被合併法人とする合併を計画した。この合併の目的はＡ社事業を乙氏の支配下に移転することである。合併対価としてＢ社株式をＡ社株主に交付した場合，甲氏がＢ社株式を保有することとなり，事業承継の目的が達成できない。そこで，合併対価の交付は行わないこととした。

図表１：取引図

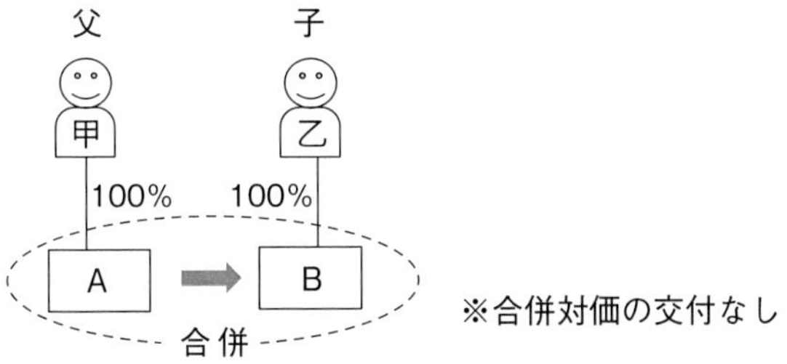

この合併について相談を受けた丙税理士は，以下のように考え，その旨甲氏にアドバイスした。

『適格合併の判定にあたって，親子は「一の者」としてカウントされる。したがって，Ａ社とＢ社は同一者による完全支配関係があるといえる。そこで，完全支配関係者間の適格無対価合併の要件である，①合併法人と被合併法人が一定の関係にあること，②完全支配関係の継続，の２要件を満たせば，本件合併は適格合併に該当する。この点，①Ａ社とＢ社は甲乙親子のもとでの完全支配関係があり，また，②合併後に息子乙氏によるＢ社の完全支配は継続することが見込まれていることから，両要件を充足し，本件合併は適格合併に該当する。』

ここが間違い！

適格合併に該当し得る無対価合併の類型の判定上，親子は「一の者」としてカウントされない。

❷ 解　説

事例８において解説したように，無対価組織再編成が適格組織再編成に該当し得るのは，関係当事者が一定の関係にある場合に限ります。

完全支配関係者間の無対価合併が適格合併に該当するのは次の場合です。

〈適格合併に該当し得る無対価合併の類型〉

※(ii)は被合併法人と合併法人との間に同一者による完全支配関係がある場合のみ

(i)　合併法人が被合併法人の株式のすべてを保有している場合（法令４の３②一，二イ）

(ii)　被合併法人および合併法人の株主等（当該被合併法人および合併法人を除く）のすべてについて，以下の等式が成立する場合（法令４の３②二ロ）

$$\frac{\text{その者が保有する当該被合併法人の株式の数}}{\text{当該被合併法人の発行済株式等の総数}^{(注1,2)}} = \frac{\text{その者が保有する当該合併法人の株式の数}}{\text{当該合併法人の発行済株式等の総数}^{(注1,3)}}$$

（注１）　自己株式を除く。
（注２）　当該合併法人が保有する当該被合併法人の株式を除く。
（注３）　当該被合併法人が保有する当該合併法人の株式を除く。

ここで，気を付けたいのが，上記算式の「その者」（矢印部分）に「法人税法施行令第４条１項に規定する特殊の関係のある個人を含む」というかっこ書がついていないという点です。つまり，父と子は別々の株主として，上記の判定を行うのです。

本事例について，Ａ社・Ｂ社の株主である父と子が保有する株式について，各々上記算式に当てはめると，以下の通り，等式が成立しません。したがって，上記(ii)には該当しないことになります。

父	100% 被合併法人	≠	0% 合併法人
子	0% 合併法人	≠	100% 被合併法人

また，B社（合併法人）はA社（被合併法人）の株式を保有していませんから，上記(i)にも該当しません。

したがって，本件無対価合併は非適格合併に該当することとなります。

（さらに，合併対価を交付しない場合，A社株主である父親からB社株主である息子に利益の移転があったとして，贈与税が課される可能性[1]がありますので，その点についても注意が必要です。）

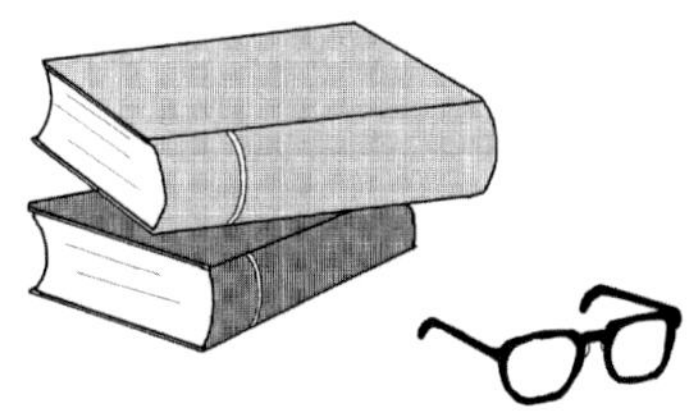

1　相続税法第9条の2

11 外国法人への現物分配

⇨ 完全支配関係のある外国親法人に対する現物分配について，適格現物分配と判断した。

❶ 事　例

S1社は，その親会社であるP社（外国法人）に対して，その保有するS2社株式（S1社が100%保有）を現物分配することを計画している。P社はS1社株式を100%保有しているが，現物分配実施後，S1社株式を第三者に売却する予定である。

図表1：取引図

現物分配
外国
P
100%
S2社株式を
現物分配
S1
100%
S2

S1株式売却
外国
P
100%
⇒0%
売却
100%
S1
第三者

現物分配の適格要件は，現物分配直前における現物分配法人（S1社）と被現物分配法人（P社）の間の完全支配関係のみであり，現物分配後における完全支配関係の継続は要件とされていない。このため，S1社税務担当者は，本件現物分配を，適格現物分配に該当するものと判断した。

ここが間違い！

被現物分配法人が外国法人である場合，当該現物分配は適格現物分配に該当し得ない。

❷ 解　説

(1) 適格現物分配の定義

法人税法上，適格現物分配の定義は次のように規定されています。

■適格現物分配の定義（法法2十二の十五）※下線筆者

> 内国法人を現物分配法人とする現物分配のうち，その現物分配により資産の移転を受ける者がその現物分配の直前において当該内国法人との間に完全支配関係がある内国法人（普通法人又は協同組合等に限る。）のみであるものをいう。

(2) 見落としがちなポイント

上記からわかるように，適格現物分配の要件は，適格合併や適格分割の要件に比べて非常にシンプルなものとなっています。そのシンプルなつくりのせいか，「適格現物分配の要件は，現物分配直前における完全支配関係のみ」という覚え方をしている人も多いようです。

しかしながら，適格現物分配に該当するためには以下の要件も満たす必要があります。

(i) 現物分配法人は内国法人であること
(ii) 被現物分配法人は内国法人（普通法人又は協同組合等に限る）であること

これらの要件はあまり意識されていないことが多いように感じます。もっとも，実際の取引では，現物分配法人・被現物分配法人ともに内国普通法人（株式会社など）であることがほとんどでしょうから，結果として問題にならないことが多いでしょう。しかしながら，現物分配法人は内国法人で，被現物分配法人が外国法人や一般社団法人である場合には，被現物分配法人の属性を確認せずに現物分配を行った結果，多額の税金が発生してしまうことになりかねません。また，個人に対する現物分配が適格現物分配に該当し得ないことも，うっかり見落としがちなので要注意です（ヒヤリハット類似例４参照）。

うろ覚えで判断せずに，必ず条文を読んで判断するようにすれば，このようなミスは防げるものと考えます。

この事例では，税務担当者が完全支配関係の
継続の部分に注意が引き付けられて，
法人の属性のところに気が回らなかった
ように見えますね。

そうですね。1つの項目の検討に
力を注いだ結果，他の項目の検討が
おろそかになる，というのは，結構ある
ヒヤリハットな気がします。
難しい項目があるときほど，
他の項目にも目を向けるよう気を
付けなければなりませんね。

ヒヤリハット類似例 4

個人に対する現物分配，個人からの現物出資

法人に対する課税関係を検討していて，頭の中が法人税一色になっているときに，うっかり誤りがちなのが，個人に対する現物分配や，個人からの現物出資の取扱いです。

仮に個人株主が現物分配法人の株式を100％保有していたとしても，当該個人に対する現物分配は適格現物分配には該当し得ません（法法２十二の十五）。

これと同様に，個人からの現物出資は，仮にその個人が被現物出資法人の株式を100％保有していたとしても，適格現物出資には該当しません（法法２十二の十四）。したがって，個人側では交付株式の時価をもって譲渡収入として譲渡所得（損失）を認識しますし，法人側では現物出資財産について，時価にて受入処理を行います。

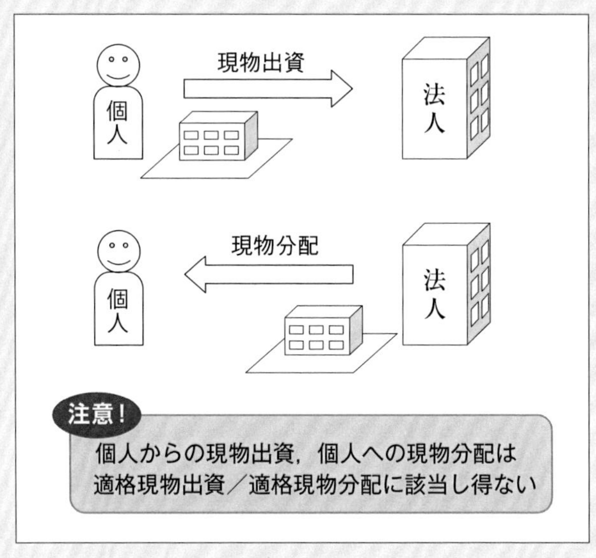

12 二次再編に要注意―完全支配継続要件

⇨ ２段階の組織再編成が計画されているにもかかわらず，二次再編が一次再編の適格判定に与える影響について，適切に考慮しなかった。

❶ 事　例

図表１：取引図

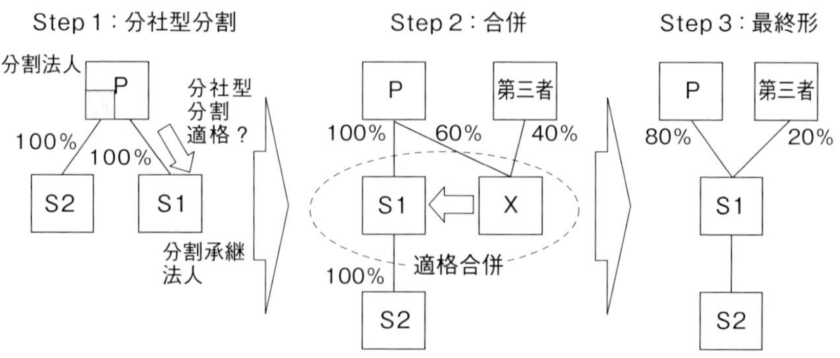

Ｐ社は，その100％子会社であるＳ１社を合併法人とし，株式を60％保有するＸ社を被合併法人とする合併を計画している（図表１ Step２参照)。当該合併は，支配関係者間の適格合併の要件を充足する見込みである。

合併に先立ち，P社はその保有するS2社株式について，S1社に分社型分割（無対価）の方法により移転することとした（図表1 Step 1）。

この分社型分割の適格性につき検討したところ，P社（分割法人）とS1社（分割承継法人）は分割前において完全支配関係があることから，完全支配関係者間の適格分割に該当する可能性が考えられた。しかしながら，分割後に行われる合併により，S1社に対するP社の持分が低下するため，適格分割の要件のうち，完全支配関係の継続要件を充足しないのではないかという点が懸念された。

この点についてさらに調査したところ，分割後に適格合併が行われる場合には，完全支配関係の継続要件について合併直前までの継続見込みで足りるとする特例があることが判明した。P社のS1社に対する完全支配関係は適格合併直前まで継続することが見込まれていることから，本件分割は適格分割に該当するものと判断した。

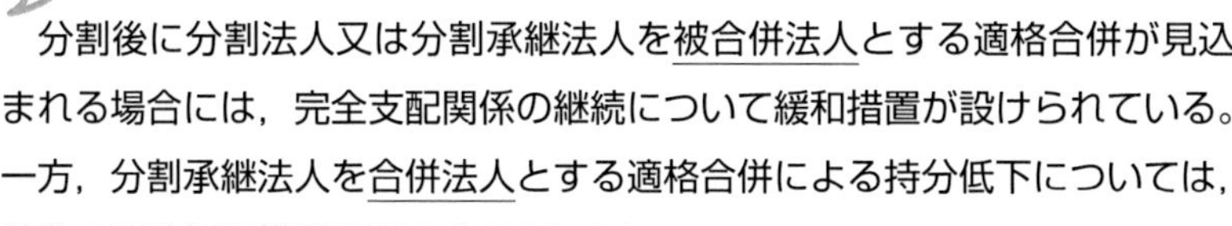

分割後に分割法人又は分割承継法人を被合併法人とする適格合併が見込まれる場合には，完全支配関係の継続について緩和措置が設けられている。一方，分割承継法人を合併法人とする適格合併による持分低下については，特段の要件緩和措置は設けられていない。

❷ 解　説

(1)　完全支配関係者間の適格分割の要件

100％親子法人間（親法人は子法人の株式を100％保有）の分社型分割（注）における適格要件は以下の通りです[1]。

（注）　分割法人を親法人とする無対価分社型分割を想定。

1　適格分割の類型としては，①完全支配関係者間の適格分割，②支配関係者間の適格分割，③共同事業による適格分割，の3種類があります。事業性のない株式のみの分割（従業者なし）については，②③の適格要件を充足し得ないため，適格分割に該当するためには，完全支配関係者間の適格分割の要件を充足する必要があります。

〈適格要件〉

完全支配関係の継続見込：分割前に分割法人（P社）と分割承継法人（S1社）との間に，いずれか一方の法人（P社）による完全支配関係があり，分割後に分割法人（P社）と分割承継法人（S1社）との間に当該一方の法人（P社）による完全支配関係が継続することが見込まれていること（法法2十二の十一，法令4の3⑥一ロ）。

※100％親子法人間の無対価分社型分割（分割法人＝親法人）を想定，カッコ内は本事例の場合。

さて，この完全支配関係の継続見込要件ですが，分割後に一定の適格組織再編成が見込まれている場合には，一定の緩和措置が設けられています（図表2）。

図表2：分割後に適格組織再編成が見込まれる場合における，完全支配関係継続見込み要件の緩和
（分割前において分割法人と分割承継法人との間に分割法人による完全支配関係がある場合）

	組織再編成	完全支配関係の継続見込み要件の変更（緩和）
(i)	分割法人(注2)を被合併法人とする適格合併（法令4の3⑥一ロかっこ書）	当該分割の時から当該適格合併の直前の時まで当該完全支配関係(注3)が継続すること
(ii)	分割法人(注2)を完全子法人とする適格株式分配（法令4の3⑥一ロかっこ書）	当該分割の時から当該適格株式分配直前の時まで当該完全支配関係(注3)が継続すること
(iii)	分割承継法人(注3)を被合併法人とする適格合併（法令4の3㉕三）	当該合併に係る合併法人を、分割法人とみなして完全支配関係の継続見込みを判定する

（注1） 分割法人と分割承継法人との間の，分割法人による完全支配関係。
（注2） 法令上は，「他方の法人」（支配されている側の法人）として規定されている。
（注3） 法令上は，「一方の法人」（支配している側の法人）として規定されている。

逆に，分割後に上記の3類型に当てはまらない組織再編成が行われ，それによって分割法人と分割承継法人の完全支配関係が失われることが見込まれている場合には，当該組織再編成（第二次再編）の適格・非適格にかかわらず，当初の分割（分社型分割）は完全支配関係の継続見込要件を満たさないことになります。

⑵　本事例へのあてはめ

本事例の場合，分割後に適格合併が見込まれるわけですが，それは分割承継法人（S1社）を合併法人とする適格合併であって，分割承継法人が被合併法人として消滅するわけではありません。したがって，図表２の緩和措置の対象にはなりません。つまり，Ｐ社とＳ１社の完全支配関係は「合併直前まで」ではなく，合併後も継続することが見込まれる必要があります。

本事例においては，Ｓ１社とＸ社の合併に伴い，Ｐ社によるS1社株式の保有割合は80%となる（残りは第三者が保有）ので，「完全支配関係の継続見込要件」は充足しないということになります（図表１ Step３参照）。

このように，二次再編成が行われる場合の適格要件の緩和措置は，すべての適格組織再編成に対して設けられているわけではありません。二次再編が見込まれる場合には，各種継続要件について，慎重に検討することが重要です。

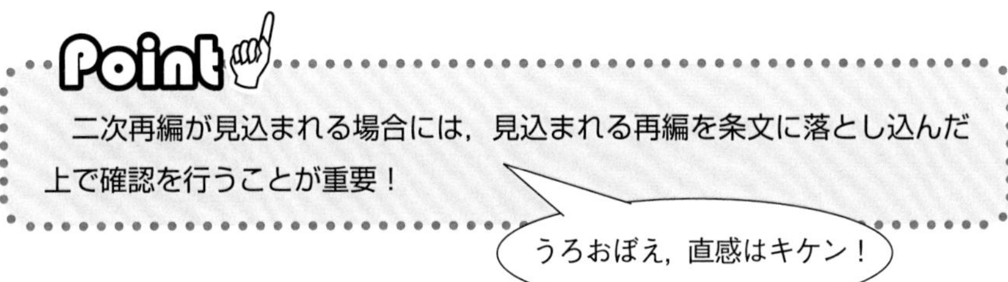

Point
二次再編が見込まれる場合には，見込まれる再編を条文に落とし込んだ上で確認を行うことが重要！
うろおぼえ，直感はキケン！

参考３

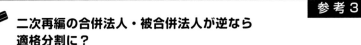

二次再編の合併法人・被合併法人が逆なら適格分割に？

本事例の場合，二次再編であるＳ１社とX社との合併（適格合併）の合併法人・被合併法人が逆であれば（X社が合併法人，Ｓ１社が被合併法人であれば），図表２の(iii)のケースに該当し，緩和措置が適用されます。したがってこの場合，一次再編である分割は「完全支配継続要件」を充足することになります。

どちらを合併法人とするかで，その前に行われる分割の適格性に影響する…少し怖いところです。

研究６

完全支配関係の継続見込が不要な場合（分割）

完全支配関係者間の分割において，分割前の完全支配関係はすべて，分割後に継続する見込みが適格要件として課されているかというと，必ずしもそうではありません。以下の場合には，分割前の完全支配関係の一部または全部について継続要件が課されていません。

① 同一者による完全支配関係の場合（図表１）

同一者による完全支配関係がある法人間の分割型分割にあっては，分割承継法人と同一者との間に，同一者による完全支配関係の継続見込みが必要とされますが，分割法人と同一者と間の完全支配関係については，分割後の継続見込みは要件とされていません（法令４の３⑥ニイ）。

② 分割承継法人が分割法人を完全支配している場合（分割型分割）（図表２）

分割型分割（新設分割を除く）のうち分割法人と分割承継法人との間に分割承継法人による完全支配関係があるもの（図表２）については，分割後における完全支配関係の継続見込みは，要件とされていません（法令４の３⑥一イ）。

図表１：同一者による完全支配関係者間の分割型分割

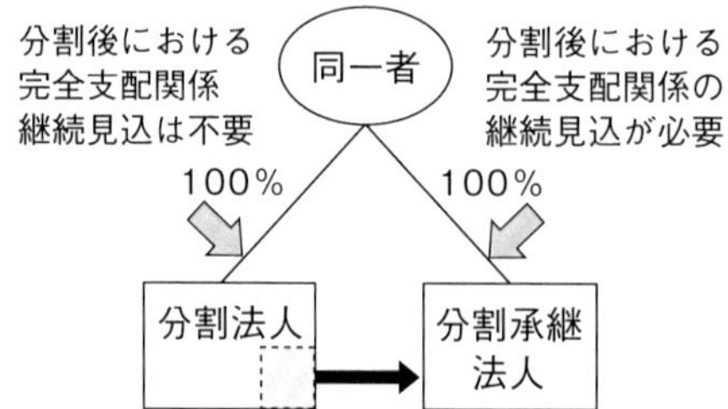

図表２：分割承継法人による分割法人の完全支配がある場合の分割型分割

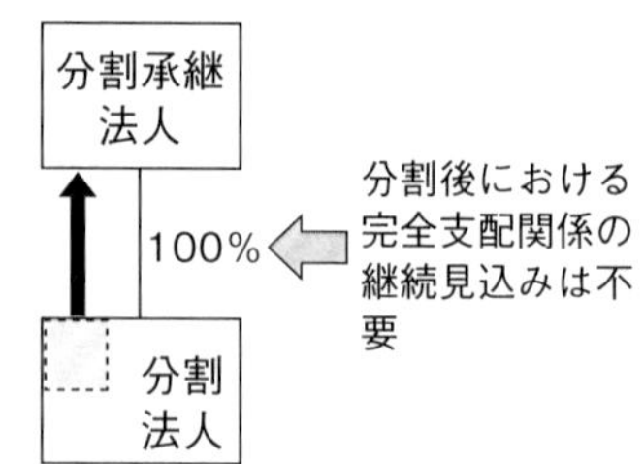

分割の形態によって，
完全支配関係の
継続要件も
異なるんですね。

誰の誰に対する
完全支配関係について，
継続が必要なのか，
気を付けるように
したいですね。

ヒヤリハット類似例 5

株式交換における支配継続要件

事例12では，分割後の支配継続要件について説明しましたが，支配継続要件という意味では，株式交換における支配継続要件もなかなかやっかいです。

支配関係者間の株式交換（当事者間の支配関係）の適格要件をみてみましょう。この場合の支配関係継続要件は，①株式交換前に株式交換完全子法人と株式交換親法人との間に支配関係があり，かつ，②株式交換後にもその支配関係が継続する，という内容になっています。

株式交換における支配継続要件（当事者間の支配関係・原則）
• 株式交換前　→　支配関係
• 株式交換後　→　支配関係が継続　（完全支配関係ではない）

ただし，株式交換後に株式交換完全子法人を被合併法人とする適格合併が見込まれている場合は，株式交換後の支配関係の継続について緩和措置が設けられています。それは，株式交換後，当該適格合併の直前まで株式交換完全親法人と株式交換完全子法人との間に，株式交換親法人による完全支配関係が継続することが見込まれること，という内容のものです。

株式交換後，適格合併までの間に求められるのが，「支配関係の継続」ではなく「完全支配関係の継続」となっている点につき，要注意です（注1）（法令4の3⑲一ロ）。

〈株式交換法人を被合併法人とする適格合併が見込まれる場合〉
• 株式交換前　→　支配関係
• 株式交換後，適格合併直前まで　→　完全支配関係（注2）が継続

この他にも，同一者による支配関係がある場合の支配継続要件など，株式交換後に合併がある場合の支配継続要件は，非常に混乱しやすい内容となっています。「①誰と誰の間に，②どのような関係が必要なのか（完全支配関係か支配関係か）」という点について，直感や記憶に頼らず，逐次条文を確認することが重要です。

（注1）　株式交換完全親法人を被合併法人とする適格合併に係る緩和措置もあります（法令4の2⑲一イ）。
（注2）　当該株式交換等完全親法人による完全支配関係。

13 二次再編に要注意ー従業者引継要件

❶ 事　例

P社グループ（株式の保有関係については図表1参照）では，2段階の組織再編成を検討していた。

まず，S2社を合併法人，S1社を被合併法人とする合併を行う（第一次再編。図表1 Step 1）。同日に，S1社とS2社の合併を停止条件として，S2社を分割法人，S3社を分割承継法人とする分社型分割を行う（第二次再編。図表1

図表1：P社グループの組織再編成

Step1：合併

P
70%　80%
被合併法人　S1　S2　合併法人
100%
S3

Step 2：分社型分割

P
75%
S2　分割法人
100%
S3　分割承継法人

Step２)。第一次再編（合併）によりＳ１社からＳ２社に受け入れた従業者の約半数は，第二次再編（分割）により，Ｓ３社に移転することを予定している（合併の直後に分割が行われるため，Ｓ１社の従業者がＳ２社の業務に従事することはない)。

本件の合併および分割について相談を受けた税理士甲は，第二次再編（分割）については，適格分割に該当する可能性が高い旨アドバイスした。一方，第一次再編（Ｓ１社とＳ２社の合併）については，Ｓ１社からＳ２社に引き継がれた従業者の約半数が，合併直後にＳ３社に移転してしまうため，従業者引継要件を満たさず，非適格合併に該当する可能性がある旨アドバイスした。このため，Ｐ社グループでは異なるスキームの検討を始めた。

ここが間違い！

二次再編における従業者の移転先が 100%グループ法人である場合，当該移転は従業者引継要件を阻害しない。

❷ 解　説

(1) 多段階組織再編成と従業者引継要件

多段階の組織再編成が行われる場合，後の再編（二次・三次再編）が行われるがゆえに，先に行われる組織再編成の適格要件のうち，継続性に関する要件（支配関係継続要件，事業継続要件，従業者引継要件）が充足されなくなることがあります。

以下，支配関係者間の合併における従業者引継要件について説明します。従業者引継要件では，被合併法人の従業者の80％以上が，合併法人の業務に従事することが必要とされています。このため，これらの従業者が合併直後に行われる組織再編成により他法人に転出する場合，原則として，この要件を満たさないことになります。

「原則として」と書いたのは，一定の場合には，緩和措置が設けられているからです。それは，従業者が，下記に記載する法人の業務に従事する場合，その法人の業務をもって「合併法人の業務」に含む，というものです。つまり合併法人から他法人に転出しても，従業者引継要件の判定上，合併法人の業務に従事している引継従業者としてカウントできる，ということになります（法法2十二の八ロ(1)かっこ書)。

〈従業者引継要件の緩和措置の対象となる法人の業務〉

(i)　当該合併に係る合併法人と完全支配関係がある法人の業務 (ii)　当該合併後に行われる適格合併により当該被合併法人の当該合併前に行う主要な事業が当該適格合併に係る合併法人に移転することが見込まれる場合における当該適格合併に係る合併法人，及び，当該適格合併に係る合併法人との間に完全支配関係がある法人の業務

(i)は，100％グループ内で異動する分にはいいですよ，という措置です[1]。

(ii)は，二次再編として適格合併が行われる場合，事業の移転とともにその合併法人の業務に従事するのもいいですよ，という措置です。また，(i)との関係で，その合併法人の100％グループ法人に異動するのもOK，となっています。

(2)　本事例の場合

本事例の場合，被合併法人の従業者のうち約半数は一次再編（合併）後に，合併法人から転出しますが，その転出先が合併法人と完全支配関係がある法人（S３社）であるため，上記(i)に該当します。そして，残りの半数は合併法人（S１社）の業務に従事することが見込まれています。このため，全体として従業者の80％以上が合併法人の事業に従事することが見込まれるものとして，従業者引継要件を満たすということになります。

(3)　留意点

ここで，留意いただきたいのが，上記(ii)で認められている二次再編は適格合併のみであるという点です。適格分割は緩和措置の対象に含まれていません。

1　平成30年度税制改正において設けられた措置。

したがって，完全支配関係のない法人を分割承継法人とする適格分割による転出については，上記(i)(ii)ともに適用される余地がありません。

従業者引継要件で，合併法人の業務としてカウントできるのは

- 100%グループ法人[2]
- 二次再編として適格合併[3]を行った場合のその合併法人（と，その100%グループ法人）[4] の業務

2　合併法人との間に完全支配関係がある法人。

3　当該適格合併（二次再編）により，一次再編における被合併法人の主要な事業が，当該適格合併（二次再編）の合併法人に移転することが見込まれている場合に限ります。

4　二次再編（適格合併）の合併法人との間に完全支配関係がある法人。

14 スピンオフ税制／適格株式分配における「支配」とは

⇨ 適格株式分配における「非支配要件」の判定上，ファンドが保有する株式について，各組合員に帰属する株式数を合算せずに用いた。

残念っっ

❶ 事　例

A社（株主構成は以下の通り）は，A社の100%子会社であるB社の株式全株を株主に現物分配（いわゆるスピンオフ）することを計画している。

図表1：株主構成と取引図

〈株主構成〉

株　　主	株式保有割合
Xファンド（投資事業有限責任組合）	51%
その他少数株主（5%未満保有）合計	49%

〈取引図〉

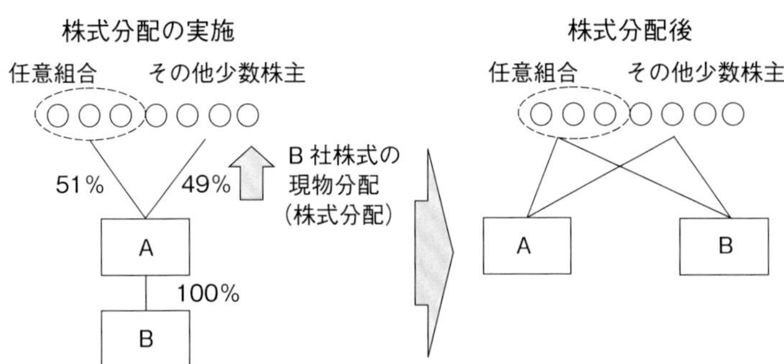

この現物分配（株式分配[1]）が適格株式分配に該当するかの検討に際し，適格要件[2]のひとつである「非支配要件」の判定に際して，Xファンドの取扱いが問題となった。

検討の結果，Xファンドは投資事業有限責任組合であることから，税務上パススルーとして取り扱うものと判断した。つまりファンドではなくその構成員がその持分に応じてA社株式を保有しているものとして取り扱うのである。

この場合，Xファンド組合員のうち，その帰属するB社株式が50%超となる者[3]は存在しないことが判明した。また，株式分配後にB社の株式を50%超保

1　株式分配の定義については下記脚注4を参照のこと。
2　株式分配の適格要件の概要については，❷解説を参照のこと。
3　個人についてはその特殊関係者を含みます（法令4の3⑯）。

有する見込みの株主も存在しないことから，適格株式分配の要件のひとつである「非支配要件」を充足するものと判断した。

株式分配の非支配要件の判定に際しては，組合については各組合員が有する株式数を合算する（＝組合をあたかも一株主のように取り扱う）。

❷ 解　説

〈適格株式分配の要件〉

① 非支配要件
② 対価要件
③ 従業者継続従事要件
④ 事業継続要件
⑤ 経営参画要件

(1)　株式分配における非支配要件

平成29年度税制改正によりいわゆる「スピンオフ税制」が導入され，一定の要件を満たす株式分配[4]については，「適格株式分配」として，現物分配法人および現物分配を受ける株主において課税が繰り延べられることとなりました（法法62の5③，61の2⑧）。

株式分配の適格要件[5]の概要は，右に示す通りで，このうち，非支配要件の具体的な内容は以下のようになっています（法法2十二の十五の三，法令4の3⑯）。

非支配要件：

株式分配の直前に，現物分配法人と他の者との間に当該他の者による支配関係がなく，かつ，当該株式分配後に当該株式分配に係る完全子法人と他の者との間に当該他の者による支配関係があることとなることが見込まれていないこと。

要は，「株式分配の前において現物分配法人（A社）が誰にも支配されてい

4　【株式分配とは】現物分配のうち，その現物分配の直前において，現物分配法人により発行済株式等の全部を保有されていた法人の当該発行済株式の全部が移転するものをいいます（法法2十二の十五の二）。

5　「適格株式分配」という類型は，平成29年度税制改正により創設されました。これは，機動的な事業再編を促進するため，特定事業を切り出して独立会社とするスピンオフ（一定の株式分配および一定の分割型分割）について，法人や株主の譲渡損益や配当に対する課税を繰り延べる，という趣旨からです。

ないことと，株式分配後に完全子法人（B社）が誰にも支配される見込みがないこと[6]」が必要になるわけです（カッコ内は本事例での該当法人）。

「支配」とは，端的に言えば，その株式を直接間接に50%超保有することを指すので，当該要件充足の判定に際しては「株式を直接・間接に50%超保有している（保有する見込みの）株主がいないこと」を確認することになります。

(2)　組合で株式を保有している場合の取扱い

ここで，法人税法上パススルーとして取り扱われる事業体（具体的には任意組合や投資事業有限責任組合）が株式を保有している場合に，株式保有割合をどのようにカウントするかという点が問題となります。

法人税法上，これらの事業体に帰属する株式は，各組合員がその帰属分に応じて保有しているものとして取り扱います。したがって，株式交換における株主50人超の判定や，組織再編成の適格要件における「支配継続要件」の判定に際しては，これらの事業体を１人の株主としてはカウントせずに，あたかも各組合員がその持分に応じた株式を直接保有しているかのように取り扱います。

しかしながら，株式分配の「非支配要件」については，これとは別の取扱いが規定されています。具体的にはその「株主が有する株式数の計算上，その株主が契約している組合契約[7]の他の組合員の持分を含む」，というものです（法令４の３⑯[8]）。他の組合員の持分を含む，ということは，要は各組合員に帰属する株式をまとめてカウントする，ということで，つきつめて言えば組合を一の株主として取り扱う，ということです。

このため，本事例にあっては，A社の株式はXファンド（の組合員）が合計51%保有していることから，A社は「他の者」により支配されている，ということになります。したがって，非支配要件を満たさないということになります。

6　より正確には，①株式分配の直前において，現物分配法人が他の者に支配されていないこと，②株式分配後に，当該株式分配に係る完全子法人が他の者に支配されることが見込まれていないこと，が要件となります。
7　以下の契約を指します（法令４の３⑯）。
(i)　任意組合契約（民法667①）
(ii)　投資事業有限責任組合契約
(iii)　有限責任事業組合契約
(iv)　外国におけるこれらの契約に類する契約
8　この取扱いは，事業を切り出すタイプのスピンオフについても同様（法令４の３⑨）。

研究 7

組合持分のカウント－その他の例

事例14の非支配要件のように，株式保有割合の計算上，組合員に帰属する株式をまとめてカウントする例として以下があります。

項　目	条文番号
株式分配非支配要件	法令４の３⑯
スピンオフに該当する分割型分割の非支配要件	法令４の３⑨
欠損等法人における「支配」	法令113の２①③④
事業譲渡類似の株式譲渡の規定（いわゆる25％・５％ルール）における「特殊関係株主等」	法令178①四ロ，④⑤
不動産化体株式譲渡の規定の５％（２％）譲渡ルールにおける「特殊関係株主等」	法令178⑨⑩

いずれも，実務上頻繁にお目にかかるものではないですが，（だからこそ余計に）うっかりカウント間違いをしないように注意したいものです。

ヒヤリハット類似例 6

従業員持株会を「1人」としてカウントしてしまう

事例14の逆のパターンとして，従業員持株会（任意組合方式）が保有している株式について，税務上は持株会の組合員が保有しているものとして取り扱うべきところ，従業員持株会自体が株式を保有しているものとして取り扱ってしまうヒヤリハットもあります。

適格株式交換が行われた場合の，株式交換完全親法人における株式交換完全子法人株式の取得価額（＝増加資本金額）は，株主数が50人以上か50人未満かによって，計算式が異なります（法令119①十，8①十，下表参照）。

ここで，従業員持株会（任意組合方式）が株主となっている場合，従業員持株会をもって「1人」とするのではなく，組合員の数をもって株主数としてカウントする必要があります。

これを誤って，従業員持株会をもって「1人」とカウントした結果，本来50人以上である株主数が50人未満になってしまうと，株式取得価額および増加資本金等が正しく計算されないことになります。

■適格株式交換が行われた際の株式交換完全親法人における株式交換完全子法人株式の取得価額（＝増加資本金等の額）

	株主の人数	完全子法人株式の取得価額（＝増加資本金等の額）
1	50人未満	各株主が有していた完全子法人株式の取得価額に相当する金額の合計額
2	50人以上	完全子法人の簿価純資産価額 × 株式交換により取得した株式数 / 株式交換直前における完全子法人の発行済株式数

内部留保が厚い法人にあっては，上記2の金額の方が，上記1の金額より著しく大きいことがあり，この場合，株主数のカウント間違いの結果，株式交換完全親法人において，外形標準課税の資本割の金額が大きくズレることになるので注意が必要です。

課税関係の検討に際して組合が出てきたら，「つぶつぶ」（組合員）で見るのか，全体（組合）で見るのか，条文を参照して確認することが重要と思われます。

§3

伏兵！　欠損金制限，特定資産譲渡等損失の損金算入制限

グループ内適格合併等が行われる場合（一定の場合を除く），当該再編の受入側の法人において，欠損金の引継・使用制限や，特定資産譲渡等損失の損金算入制限が課されます。
欠損金の額が大きい場合や，含み損の金額が大きい（あるいは特定資産譲渡損を把握するのに非常に手間がかかる）場合など，これらの制限による税務上のインパクトが非常に大きなものになることがあります。
本セクションでは，欠損金制限・特定資産譲渡等損失に関するヒヤリハットを７例紹介します。

15 「設立以来支配関係」からの除外

⇨ 会社設立以来の支配関係がある法人間の適格分割において，欠損金の使用制限が課されることに気づかなかった。

❶ 事　例

Ｐ社はその100％子会社Ｓ２社の営む事業の一部を，別の100％子会社であるＳ１社に，分割により移転することを検討していた。分割期日はＸ４年４月１日で，当該分割（分割型分割）は，完全支配関係者間の適格分割の要件を充足するものと考えられた。

図表１：取引図（100％グループ内分割型分割）

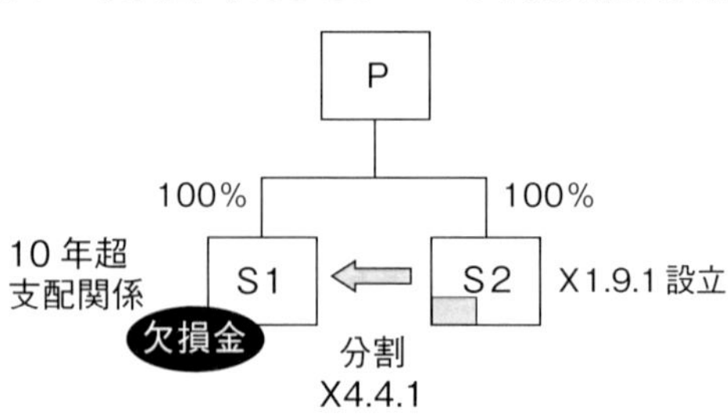

S1社（3月決算）はここ数年業績が悪く，多額の欠損金を有している。そこで，このグループ内適格分割に伴ってS1社の欠損金につき使用制限が課されるか否か，という点が重要論点となった。

そこで，欠損金使用制限について検討したところ，S2社はX1年9月1日にP社により設立された法人であり，S1社とS2社との間には，S2社の設立以来継続して支配関係があることから，両者の間には「設立以来支配関係」があるものとして，欠損金使用制限は課されないという結論に至った（※本件分割はみなし共同事業要件を満たさない）。

その後，S2社はX2年10月にP社の100％子会社であるX社から適格分割により事業を受け入れており，このため「設立以来支配関係がある場合」には該当せず欠損金使用制限が課されることが判明した。

ここに注意！

欠損金制限の対象から除外される「設立以来支配関係がある場合」には，法人設立後に一定の組織再編成を行った場合を含まない（つまり欠損金制限が課される）。

❷ 解　説

(1)　支配関係者間適格分割と欠損金使用制限

支配関係者間で適格組織再編成等[1]が行われた場合，以下の場合を除いて，受入法人側の欠損金につき使用制限が課されます（法法57④）。

〈欠損金の使用制限が課されない場合〉

- 再編当事者に「5年超支配関係」あるいは「設立以来支配関係」がある場合
- みなし共同事業要件を満たす場合

ここで，「設立以来支配関係がある場合」とは，組織再編成の当事者が，組織再編成事業年度開始の日の5年前の日以後設立された法人である場合であっ

1　適格合併，適格合併に該当しない合併で法法61の13①（令和4年4月1日以後開始事業年度にあっては61の11①）の適用があるもの，適格分割，適格現物出資，適格現物分配を指します（法法57④）。

て，両者の支配関係がその設立以来継続している場合を指します（法令112⑨）。

ただし，設立後に一定の組織再編成が行われていた場合には，この「設立以来支配関係がある場合」から除外されます（法令112⑨）。この除外される場合とは，ざっくり言えば，設立から今回の再編までの間に，その新設法人がグループ内適格組織再編成の受け入れ側になっている場合です。

このような措置がとられているのは，新設法人という「乗り物」を用いることにより「設立以来支配関係」を創出するという形の租税回避を防止するという趣旨によるものです（図表２参照）。

図表２：「設立以来支配関係」から除外されるケースと制度趣旨

【例】

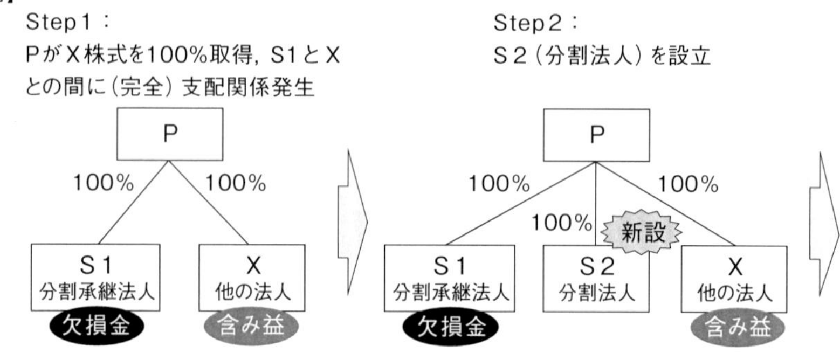

【税務上の含意】
この段階でS1を分割承継法人，Xを分割法人とする分割を行った，S1の欠損金につき使用制限が課される。

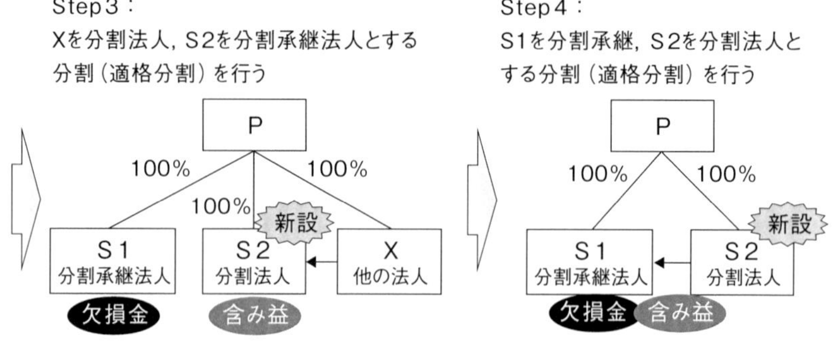

【税務上の含意】
「除外規定」がなければS1の欠損金につき使用制限が課されず，結果としてグループ外の含み益を欠損金と相殺することが可能となってしまう ⇒「除外規定」が設けられている。

以下に，分割法人と分割承継法人との間に設立以来の支配関係があっても，分割承継法人において欠損金の使用制限が課されるケースを示しておきます（説明の便宜上，二次再編（今回の再編）における分割承継法人をS1，分割法人をS2とし，一次再編における他の内国法人をXとして説明を行います）。

図表3：分割法人と分割承継法人との間に設立以来の支配関係があっても，分割承継法人において欠損金の使用制限が課されるケース（法令112⑨）

S1：分割承継法人，S2：分割法人，X：他の内国法人

	概　要	詳　細
1	Xを被合併法人とし，S1を設立する新設合併	S2との間に支配関係のあるXを被合併法人とする適格合併で，S1を設立するものが行われていた場合(注1)
2	S1を設立後，S1を合併法人，Xを被合併法人として合併を実施	S2とXの間に支配関係が発生した日以後に，S1が設立され，その後，S1を合併法人，Xを被合併法人とする適格合併が行われていた場合(注1)
3	S1を設立後，S1と完全支配関係があるXの残余財産が確定	S2とXの間に支配関係が発生した日以後にS1が設立され，その後，Xの残余財産が確定していた場合（XとS1との間に完全支配関係があり，S1がX株式の一部または全部を保有していた場合に限る）(注1)
4	Xを出し手とする適格組織再編成で，S2を設立するもの	S1との間に支配関係のあるXを出し手(注4)とする適格組織再編成等(注3)で，S2を設立するもの(注1)が行われていた場合(注2)
5	S2を設立後，S2を受け手，Xを出し手とする適格組織再編成を実施	S1とXとの間に支配関係が発生した日以後にS2が設立され，その後，S2を受け手(注5)，Xを出し手(注4)とする適格組織再編成等(注3)が行われていた場合(注2)

（注1）　S2とXとの支配関係発生日が，分割の日の属する事業の日の開始の日の5年前の日以前である場合を除く。

（注2）　S1とXとの支配関係発生日が，分割の日の属する事業の日の開始の日の5年前の日以前である場合を除く。

（注3）　適格合併，適格合併に該当しない合併で法法61の13①（令和4年4月1日以後開始事業年度にあっては61の11①）の適用があるもの，適格分割，適格現物出資，適格現物分配。

（注4）　被合併法人，分割法人，現物出資法人，現物分配法人。

（注5）　合併法人，分割承継法人，被現物出資法人，被現物分配法人。

図表３では，分割承継法人における欠損金使用制限について説明を行いましたが，欠損金の引継制限（合併の場合），特定資産譲渡等損失の損金算入制限についても同様の措置があります。

⑵　本事例の場合

本事例では，Ｘ社の買収（Ｘ１年４月１日）後に，Ｓ２社が設立（Ｘ１年９月１日）され，その後Ｘ社を分割法人，Ｓ２社を分割承継法人とするグループ内適格分割が行われていることから（図表４），図表３の５に該当し，欠損金使用制限が課されない「設立以来支配関係がある場合」から除外されることとなります。

このため，本件分割に伴いＳ１社（分割承継法人）の欠損金について，使用制限が課されることとなります（本件分割はみなし共同事業要件を満たさない）[2]。

図表４：本事例の取引の流れ

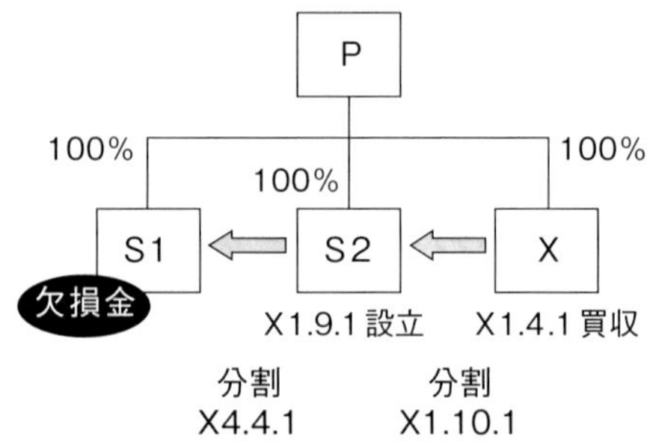

2　具体的には，原則として，以下の欠損金が切り捨てとなります（法法57④）。
- Ｐ社のＸ１年３月期以前の各事業年度において生じた欠損金額
- Ｐ社のＸ２年３月期以後の各事業年度において生じた欠損金額のうち特定資産譲渡等損失額に相当する金額からなる部分の金額

なお，欠損金の切捨金額の計算の特例として，支配関係事業年度の前事業年度末における会社全体の含み益の金額に応じて，切り捨てる欠損を一部または全額免除する措置があります（法令113④）。

本事例において，S２社がS１社に移転する事業が，S１社がX社から受け入れた事業でなくとも，S１社において欠損金制限がかかるんですね。

そうですね。その場合，課税上の弊害は特段ないような気もしますが，そこは割り切りなんでしょうね。

「設立以来支配関係」があっても欠損金の制限がかかるケースがある。設立後の組織再編成の有無を確認すべし。

16 みなし共同事業要件と共同事業要件の混同

⇨ みなし共同事業要件と共同事業要件を混同し，判定を誤った。

似ているけど（けっこう）違います

❶ 事　例

A社は3年前にB社を買収した（B社株式を100％取得）。現在，A社を合併法人，B社と被合併法人とする合併を計画している。

この合併が適格合併に該当することは確認できたが，B社は多額の欠損金を有していることから，当該欠損金について使用制限が課されないかという点が，重要な論点となった。

そこで，みなし共同事業要件について検討していたところ，B社の従業者のうち少なくない人数が，合併する場合にはB社を退職する，という意思を持っていることがわかった。

このため，みなし共同事業要件のうち「従業者引継要件」を満たせない可能性があるものとして，合併を見合わせることにした。

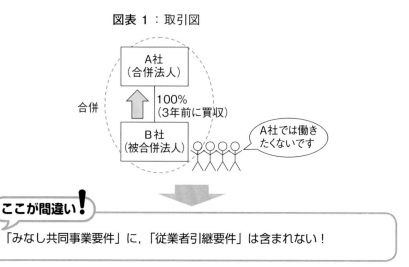

図表１：取引図

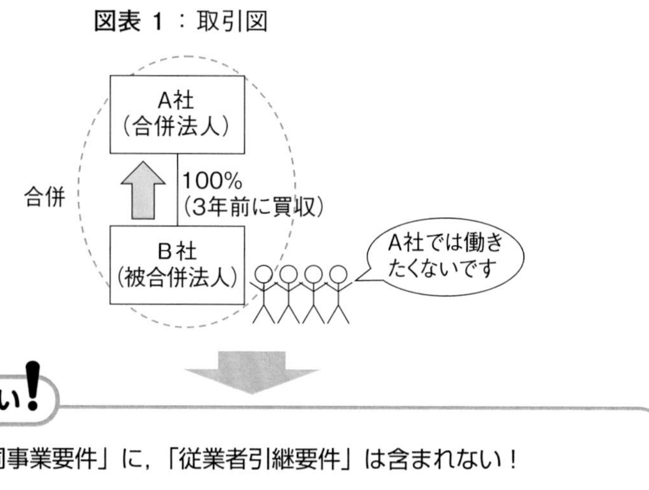

ここが間違い！

「みなし共同事業要件」に，「従業者引継要件」は含まれない！

❷ 解　説

グループ内の法人と，支配関係が発生してから５年内に合併する場合において，「みなし共同事業要件」を満たさないときは，欠損金の使用制限・引き継ぎ制限が課されます。

「みなし共同事業要件」を満たせば欠損金の制限がかからないのは，もともと共同事業要件による適格合併に該当するような場合にまで制限を課す必要がない，という趣旨によるものです。ただし，他社をグループ内に取り込んだ後は，「共同事業要件」を満たす状況を容易に創出できてしまう，という観点から，みなし共同事業要件には追加的な要件が課されています。具体的には，事業規模要件に関しては，事業規模５倍要件の他に「事業規模２倍要件」，経営参画要件に関しては，「経営参画継続要件」が課されています[1]。

こういった経緯もあり，みなし共同事業要件については「共同事業要件プラスアルファ」，という印象を持っている人が多いかと思われます。

しかしながら，比較してみると，共同事業要件にはあって，みなし共同事業要件においてはない要件もあります。

1　規模２倍要件，経営参画継続要件の内容については次頁を参照。

図表２：合併における共同事業要件とみなし共同事業要件の比較
（法令4の3④，112③）

	共同事業要件(注２)	みなし共同事業要件(注２)
①	従業者引継要件	―
②	事業継続要件	―
③	事業関連性要件	事業関連性要件
④(注１)	事業規模要件 （５倍要件）	事業規模要件（５倍要件）および 事業規模継続要件（２倍要件）(注３)
⑤(注１)	経営参画要件	経営参画継続要件(注４)
⑥	支配継続要件	―

要件として課されていない（①②⑥）

（注１）　④と⑤はいずれか一方を充足すればよい。
（注２）　分割の場合は，共同事業要件として上記の他に「主要資産移転要件」がありますが，みなし共同事業要件では「主要資産移転要件」は課されていません。
（注３）【事業規模２倍要件】以下の２つを満たすことを求めるもの
①被合併事業が支配関係が生じた時から適格合併の直前の時まで継続して行われており，かつ，支配関係発生時と適格合併の直前の時における被合併事業の規模の割合がおおむね２倍を超えないこと。
②合併事業が支配関係が生じた時から適格合併の直前の時まで継続して行われており，かつ，支配関係発生時と適格合併の直前の時における合併事業の規模の割合がおおむね２倍を超えないこと。
（注４）【経営参画継続要件】経営参画要件の判定の基礎となる被合併法人および合併法人の適格合併直前における特定役員は，被合併法人と合併法人との間に支配関係があることとなった日前において，当該被合併法人または合併法人の役員であったものに限り，適格合併の後に合併法人の特定役員となることが見込まれていることというもの。

共同事業要件とみなし共同事業要件の混同なんて，するわけがない，と思われる方もあるでしょう。でも実務上は，両者の混同が，意外と多いのです。自分がいま，何の要件の充足関係を検討しているのか，意識することが大切かと思われます。

17　特定資産譲渡等損失の損金算入制限はいつから？

⇨ 特定資産譲渡等損失の損金算入制限の適用期間の始期は，特定組織再編事業年度の開始の日であるところ，特定組織再編の日と考えて，土地の譲渡を実施した。

❶ 事　例

A社（3月決算法人）はX1年2月1日に，B社（9月決算法人）の株式の全部を第三者から取得した。その後，A社は，X5年10月1日をもって，A社を合併法人，B社を被合併法人とする合併を実施することとした。

当該合併はみなし共同事業要件を満たさず，合併後に特定資産譲渡等損失の損金算入制限が課されるものと考えられた（A社B社とも欠損金は有さない）。

当時，A社では多額の含み損を有する土地αの売却交渉が進行中であった。合併後に土地の譲渡を行うと，その譲渡損失につき，特定資産譲渡等損失の損金算入制限の対象になると考え，合併前のX5年9月10日に当該土地の売却を実行した。

ここが間違い！

特定資産譲渡等損失の損金算入制限の適用期間は，特定組織再編事業年度の開始の日からスタートする（特定組織再編成の日ではない）。

❷ 解　説

⑴ 特定資産譲渡等損失の損金算入制限概要

内国法人と支配関係法人との間で，合併が行われた場合には，一定の場合[1]を除いて，適用期間において生じる特定資産譲渡等損失額は，合併法人の各事業年度の所得の金額の計算上，損金の額に算入されません（法法62の7①）。

⑵ 損金算入制限が課される期間

特定資産譲渡等損失の損金算入制限が課される「適用期間」とは，下記の始期から終期までの期間を指します。

【始　期】：合併事業年度（特定組織再編成事業年度）開始の日…(A)

【終　期】：以下のいずれか早い日

- 上記（A）の日から3年を経過する日
- 支配関係が発生した日から5年を経過する日

ここで留意いただきたいのは，損金算入制限の適用期間の始期が「合併の日」ではなく，「合併事業年度開始の日」であるという点です。つまり，上記事

1　5年超支配関係がある場合，みなし共同事業要件を満たす場合。

例では，X５年４月１日が損金算入制限の適用期間の開始の日となり，合併前（９月10日）の譲渡であっても，損金算入制限の対象となります。

なお，本事例では，適用期間の終期は支配関係が発生した日から５年を経過する日である，X６年１月31日となります。したがって，X５年９月に土地を売却せずに，X６年２月１日まで待ってから売却すれば，特定資産譲渡等損失の損金算入制限の対象とならずに済んだことになります。

「期間」や「期日」については，細心の注意を払うべし。

18 非適格合併が適格合併等に含まれる？

⇨ 完全支配関係者間の非適格合併に際して，合併法人側で欠損金の使用制限が課されるにもかかわらず，制限が課されないものと判断した。

非適格合併？
だったら
欠損金使用制限は
課せられませんよ。

・・・とは限らない。

❶ 事　例

Ｐ社はその100％グループ内の法人であるＡ社とＢ社につき，Ａ社を合併法人，Ｂ社を被合併法人として合併することを検討していた。ただし，Ａ社が多額の欠損金を有しているため，合併により当該欠損金に使用制限が課されるのであれば，合併を見送る方針であった。

検討の結果，当該合併は非適格合併に該当すると結論づけられた[1]。欠損金の使用制限は支配関係者間の適格組織再編が行われた際に課されるものであるから，非適格合併に該当するのであれば，欠損金の使用制限はないものと考え，

1　完全支配関係者間の合併で，非適格合併に該当するケースとしては，⑴合併対価が金銭等である場合，⑵無対価合併で，適格合併になり得る類型の資本関係にない場合，⑶同一者による完全支配関係者間の合併で，同一者による完全支配関係の継続見込みがない場合，が挙げられます。

合併の準備を進めた。

非適格合併であっても，完全支配関係者間で行われる一定の合併については，欠損金の使用制限が課される。

❷ 解　説

(1) 欠損金の切り捨て

支配関係のある法人の間で，「適格組織再編成等」が行われた場合には，一定の場合[2]を除いて，その受入側の法人において，その有する青色欠損金の使用制限が課されます（法法57④）[3]。

ここで，欠損金使用制限の対象となる「適格組織再編成等」とは，支配関係法人との間で行われる次の組織再編成を指します（法法57④）。

〈適格組織再編成等の範囲〉

(i)　適格合併
(ii)　適格分割
(iii)　適格現物出資
(iv)　適格現物分配
(v)　非適格合併のうち法人税法第61条の13①[4]の適用があるもの

このような取扱いとなっているのは，適格組織再編成により含み益資産を帳

2　一定の場合とは次の場合を指します。
①みなし共同事業要件を満たす場合
②５年超支配関係または設立以来支配関係(※)がある場合
(※) 設立後に一定の組織再編成が行われていた場合を除く（法令112⑨。事例15参照)。

3　使用が制限される（切り捨てられる）のは以下の欠損金額です。
・支配関係事業年度前の各事業年度において生じた欠損金額
・支配関係事業年度以後の各事業年度に生じた欠損金額のうち特定資産譲渡等損失額に相当する部分の金額から成る金額

4　完全支配関係者間の譲渡損益の繰り延べ。令和４年４月１日以後開始事業年度にあっては61の11①。

簿価額で移転し，その後含み益を実現して欠損金と相殺する，という形での租税回避を防止するという趣旨によるものです。

上記(i)～(iv)については，適格組織再編成であり，資産について帳簿価額での受入れが行われることについて，違和感はないものと思われます。一方で，上記(v)は「非適格合併」なので，疑問に思われるかもしれません。

(2) 完全支配関係者間の非適格合併

完全支配関係者間の非適格合併が行われた場合，被合併法人側で「法人税法第61条の13第1項[5]の適用がなされた資産」，つまり譲渡損益調整資産については，合併法人側で被合併法人の帳簿価額で受け入れる[6]処理を行います（法法61の13⑦）[7]。

このように，非適格合併であっても，帳簿価額にて受け入れている資産がある場合には，被合併法人から合併法人に含み益が移転し得ることから，上記(i)～(iv)の適格組織再編成と同様，欠損金の使用制限の対象となっているのです。

※だからといって，被合併法人からの欠損金引き継ぎができるわけではありません。

完全支配関係者間の非適格合併のうち
一定のものは「適格組織再編成等」に含まれる
んですね。非適格合併が適格組織再編成等に
含まれるって，なんか不思議な感じ・・。

そうですね。本事例は欠損金の使用制限
に関するものですが，特定資産譲渡等損失
の損金算入制限措置においても，同様の
考え方が採用されています（法法62の7①）。

5　令和4年4月1日以後開始事業年度にあっては61の11①。

6　規定上は，「当該譲渡損益調整資産に係る譲渡利益に相当する額を取得価額に算入しない／当該譲渡損益調整資産に係る譲渡損失に相当する額を取得価額に加算する」とされています。上記の計算により得られる金額は，被合併法人における当該資産の帳簿価額となります（法法61の13⑦。脚注7を参照）。

7　令和4年4月1日以後開始事業年度にあっては61の11⑦。

研究 8

完全支配関係者間の非適格合併において，譲渡損益調整資産を帳簿価額で受け入れる理由

上記では，完全支配関係者間での非適格合併が行われた場合，譲渡損益調整資産については，合併法人において，被合併法人の帳簿価額にて受け入れる旨を説明しました。

では，なぜそのような取扱いとなっているのでしょうか？

それは，被合併法人において，繰延譲渡損益を取り崩す機会がないからです。

完全支配関係者間の非適格合併が行われた場合，被合併法人では，譲渡損益調整資産について，譲渡損益を繰り延べる処理を行います(注1)。

この繰延譲渡損益は，本来，合併により被合併法人が消滅し，完全支配関係が喪失した時点で取り崩されるべき性質のものです。しかしながら，完全支配関係が消滅する日（合併の日）の前日に，被合併法人の最後事業年度が終了してしまうため，当該繰延譲渡損益について取り崩して損益に計上する事業年度が存在しません。

そのため，譲渡損益調整資産を合併法人において時価で受け入れると，繰延譲渡損益相当額についての課税の機会が失われてしまいます。

このような事情があって，完全支配関係者間の非適格合併に際して，課税繰り延べが行われた資産（譲渡損益調整資産）については，合併法人において被合併法人の帳簿価額で受け入れるという処理を行うのです(注2)。

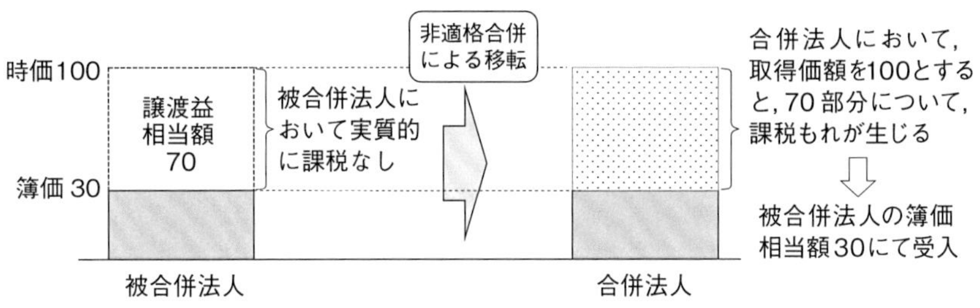

（注１）　より正確には，譲渡益相当額の損金，譲渡損相当額の益金が計上されます。

（注２）　規定上は，「当該譲渡損益調整資産に係る譲渡利益に相当する額を取得価額に算入しない／当該譲渡損益調整資産に係る譲渡損失に相当する額を取得価額に加算する」とされています。上記の計算により得られる金額は，被合併法人における当該資産の帳簿価額となります（法法 61 の 13 ⑦）。

19 5年超支配関係があるのに欠損金が消える？

⇨ 5年超支配関係のある法人間の合併であるにもかかわらず，被合併法人の欠損金が使えなくなってしまった。

❶ 事　例

A社はその100%子会社であるB社を被合併法人とする吸収合併を実施するにあたり，B社が有する欠損金1,500の引き継ぎ可否を検討した。その結果，当該合併は適格合併に該当，かつ，A社とB社の支配関係は5年超継続していることから，B社の欠損金は引き継げるものと判断し，X10年5月1日を合併期日として合併を実施した（A社・B社ともに3月決算法人）。

その後，B社の欠損金合計1,500のうちX1年3月期の欠損金1,000については，「合併の日前10年以内に開始した事業年度[1]」に該当しないことから，A社に引き継ぐことができないことが判明した（X2年3月期の欠損金500については引き継ぎ）。

X1年3月期のB社の欠損金1,000は，B社の合併最後事業年度（X10年4月1日～4月30日）の所得から控除されるが，当該事業年度の期間は1か月のみであり，また，B社の業種は下半期に売り上げが集中することもあって，当該期（1か月）の課税所得（欠損金控除前）はほとんど生じなかった。このため，X1年3月期の欠損金1,000はその大部分が使用できずに切り捨てられた。

図表1：合併法人に引き継ぐことのできない欠損金

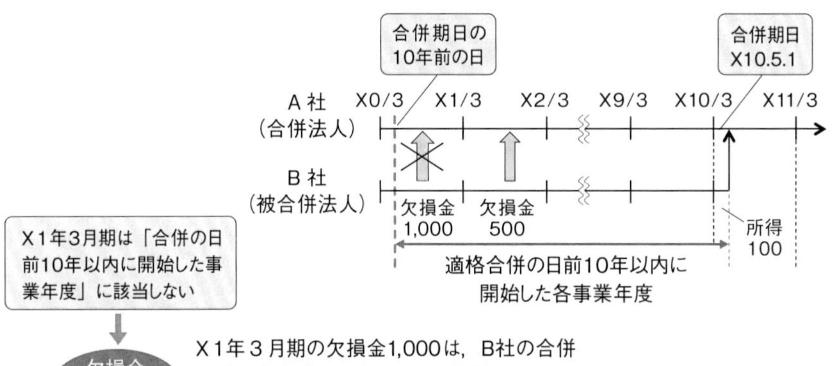

1　平成30年4月1日前に開始した事業年度の青色欠損金の繰越期間は9年です（法27年改正附則27条）が，事例の単純化のため，欠損金の繰越期間はすべての期間において10年間として記載しています。

もともと，B社においては，X10年４月１日～X11年３月31日の12か月間では課税所得（欠損金控除前）が1,200発生する見込みであった。したがって，合併がなければX１年３月期の欠損金1,000については，期限切れになることなく使用できた[2]はずだったところ，合併を行った結果，切り捨てになるという事態に陥った。

ここに注意！

欠損金の引継制限が課されない場合であっても，期中合併により被合併法人の最後事業年度が短縮事業年度となる結果，欠損金を予定通りに使用できなくなることがある。

❷ 解　説

適格合併が行われた場合において，合併法人と被合併法人との間に合併事業年度[3]開始の日の５年前の日から継続して支配関係があるときには，被合併法人の欠損金を合併法人に引き継ぐことができます（法法57②）。このため，支配関係が長期間継続している法人間の適格合併に際しては，欠損金の引き継ぎについてあまり厳密に検討しないケースもあるようです。

しかし，ここで注意いただきたいのが，合併の際に引き継ぐことができるのは，合併の日の前10（９）[4]年以内に開始した被合併法人の事業年度の欠損金であるという点です（法法57②。合併事業年度開始の日前10（９）年以内開始事業年度ではない）。このため，期中合併を行った場合には，合併をしなければ使用できたはずの期限ぎりぎりの欠損金について，合併の結果，使用しきれなくなるということが発生し得ます。

2　事例の単純化のため，中小法人（控除できる欠損金について課税所得の50％までの制限が課されない）を想定。
3　合併法人の適格合併の日の属する事業年度。
4　平成30年４月１日前に開始した事業年度については，青色欠損金の繰越期間は９年（法27年改正附則27条）。

被合併法人が繰越期限の満了に近い欠損金を有している場合には，欠損金の使用についてシミュレーションを行うことが必要です。

適格合併が行われた場合に，合併法人に引き継ぐことができるのは，合併の日の前10（9）年以内に開始した被合併法人の事業年度の欠損金である（合併事業年度開始の日前10（9）年以内開始事業年度ではない）。

図表2：合併の日前10年以内開始事業年度

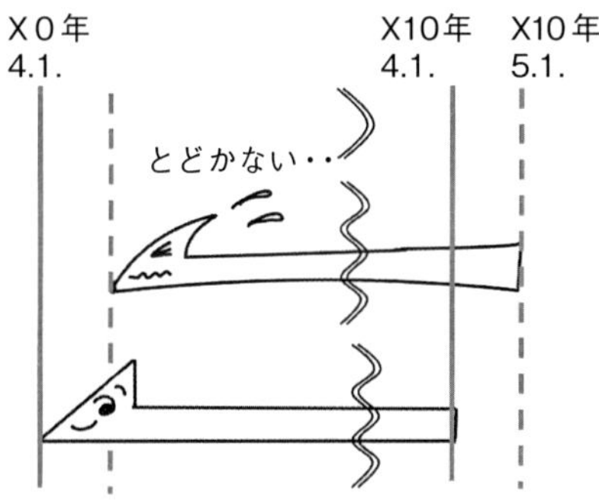

欠損金の状況によっては，
期中合併が期首合併に比べて
税務上不利になることも
あるので，注意が必要です。

20 特定資産譲渡等損失 ― みなし引継資産

⇨ 特定資産譲渡等損失の損金不算入制度における「特定引継資産」の検討において「みなし引継資産」を考慮しなかった。

・・・とは限らない。

❶ 事　例

P社はX1年4月10日に，S1社株式を100%取得した（図表1 Step 1）。S1社は，100%子会社としてS2社を有している（S1社とS2社の完全支配関係は10年以上継続している。またP社・S1社・S2社いずれも3月決算法人で，欠損金を有さない)。

P社は，P社・S1社・S2社の3社を1社に統合することを目指し，まず，X1年10月1日に，S1社を合併法人としてS1社とS2社を合併し（以下「合併①」という。図表1 Step 2参照)，その後，X2年4月1日に，P社を合併法人，S1社を被合併法人とする合併を行うこととした（以下「合併②」という。図表1 Step 3参照)。

図表１：取引図

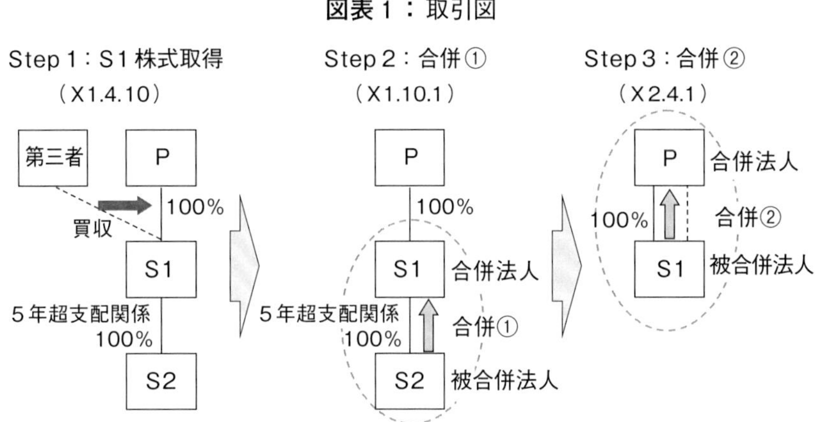

P社がS1社を買収してから約１年後に，P社とS1社の合併（合併②）が行われるため，P社において含み損制限（特定資産譲渡等損失の損金算入制限）が課されることが懸念された。

そこで，P社において含み損制限の適用有無を検討したところ，以下の通り，制限が課されないという結論に至ったため，合併を実行した。

（注）合併①②ともにグループ内適格合併に該当するが，みなし共同事業要件を満たさない。

〈特定保有資産[1]について〉

支配関係事業年度の前事業年度終了の日（X１年３月31日）におけるP社の時価純資産価額が簿価純資産価額を上回っている（つまり会社全体で含み益がある）。このため，特定資産に係る譲渡等損失額の計算の特例により，特定保有資産に係る特定資産譲渡等損失額はないものとして取り扱うことができる（法令123の９⑥，申告要件あり）。

〈特定引継資産[1]について〉

P社がS1社から受け入れた資産のうちに，下記の(i)(ii)の両方を満たす資産はない。よって「特定引継資産」に該当する資産は存在しない（法法62の７②，

1　特定保有資産，特定引継資産の定義については，本書参考資料❸(2)（p.189）を参照のこと。

法令123の８③)。

(i) Ｓ１社が支配関係発生日の属する事業年度の開始の日（Ｘ１年４月１日）前から保有
(ii) 特定適格組織再編成等（合併②）の日における取得価額／帳簿価額が1,000万円以上

合併後，Ｐ社は遊休土地Ａを売却し，その結果，多額の譲渡損が生じた。当該土地は合併②によりＰ社がＳ１社から引き継いだ資産であるが，支配関係発生日の属する事業年度の開始の日（Ｘ１年４月１日）前からＳ１社が保有していた資産ではないことから，当該土地は「特定引継資産」に該当せず，特定資産譲渡等損金算入制限は課されないものと考えた（なお，土地ＡはＸ１年４月１日前からＳ２社が保有していたもので，Ｘ１年10月１日に，合併①によりＳ１社に移転したものである）。

ここが間違い！

土地Ａは「**みなし引継資産**」に該当，Ｐ社における土地Ａの譲渡損失については，特定資産譲渡等損金算入制限の対象となる。

❷ 解　説

あまり聞きなれない言葉かもしれませんが，「みなし引継資産」という概念があります（法令123の８⑫）。これは，特定引継資産の判定において，過去のグループ内組織再編[2]により帳簿価額で受け入れた資産については，その資産を支配関係発生日の属する事業年度開始の日に有していなくても，当該日に保有していたものとみなして取り扱う（つまり，特定引継資産とみなす），というものです。

なぜこのような取扱いがあるのかというと，特定引継資産を「支配関係発生日の属する事業年度開始の日前から保有していた資産」に限定してしまうと，

2　今回の特定適格組織再編成の日以前２年以内の期間内に行われたものに限ります。

課税上の抜け穴ができてしまうからです。

以下，「課税上の抜け穴」について，本事例に即して説明します。

本事例ではＰ社がＳ１社グループを買収，その後Ｓ１社を合併法人，Ｓ２社を被合併法人とする合併を行い，さらに，Ｐ社を合併法人，Ｓ１社と被合併法人とする合併を行いました。

ここで，Ｓ２社が買収前から保有していた資産（遊休土地Ａ）について，合併①によりＳ１社に移転後，合併②によりＰ社に移転した場合，土地Ａは「当該支配関係法人（この場合Ｓ１社）が支配関係発生日前から有していたもの」に該当しないため，上記の「みなし引継資産」の取扱いがなければ，特定引継資産に該当しないことになります。この場合，合併後にＰ社がこれを売却して譲渡損が発生したとしても特定資産譲渡等損失の損金算入制限の対象とはならないことになり，その結果，グループ外の含み損を引き継いで，自社グループで利用するということが可能になってしまいます。

そこで，このような課税上のループホール（抜け穴）を埋める趣旨から平成25年度税制改正において一定の資産を特定引継資産として取り扱う制度が設けられたのです。

「みなし引継資産」とされるのは，特定適格組織再編成の日（Ｘ２年４月１日）以前２年以内の期間内に行われた別の特定適格組織再編成等（本件の場合，合併①）により内国法人（Ｓ１社）が移転を受けた資産で，関連法人（Ｓ２社）が関連法人支配関係発生日（Ｘ１年４月10日）を含む事業年度開始の日（Ｘ１年４月１日）前から有していた資産です（法令123の８⑫柱書，三ロ）。

※カッコ内＝本事例の場合

図表２：「みなし引継資産」規定が必要な理由

【前提】
- Ｐ社がＳ１社グループを買収（Ｓ１社株式を100％取得）。Ｓ１社は，当該買収前よりＳ２社株式を100％保有

↓

- Ｓ１社を合併法人，Ｓ２社を被合併法人として合併（適格合併（完全支配関係者間）。グループ化５年超につき特定資産譲渡等損失損金算入制限等なし）

↓

- Ｐ社を合併法人，Ｓ１社を被合併法人として合併（適格合併（完全支配関係者間）。グループ化後５年内につき特定資産譲渡等損失損金算入制限等あり）

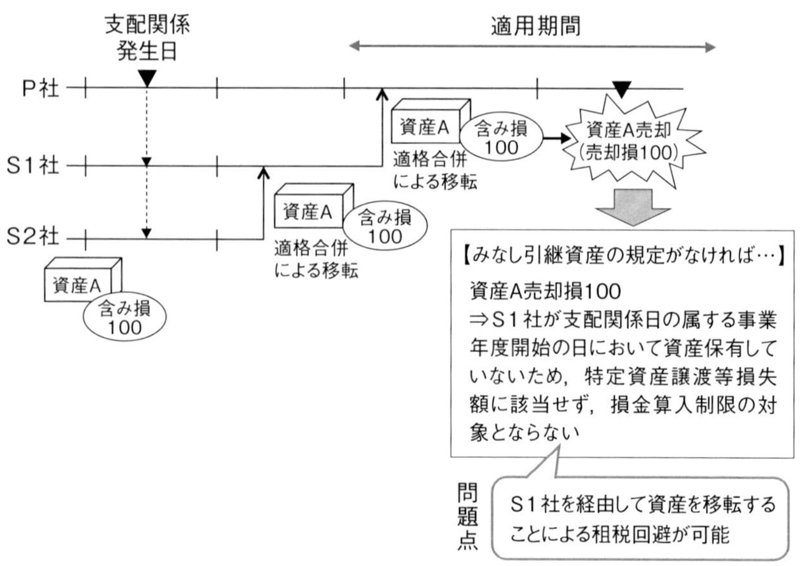

なお，同様の制度は，特定保有資産，欠損金の引継／使用制限についても設けられています（法令123の８⑮，112⑥～⑧⑪）。

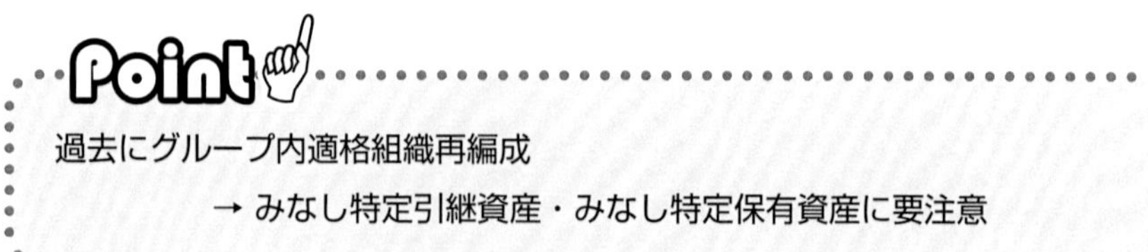

21　欠損等法人の見落とし

⇨ 合併に際しての欠損金の引き継ぎの判定に際し，被合併法人が「欠損等法人」に該当することを見落とした。

そこにも欠損等法人が・・・

❶ 事　例

A社はX1年8月1日，甲氏からB1社株式を全株買い取った。B1社には事業実態がなく，B2社株式を保有しているのみである（B2社株式を100%保有）。当初A社は，A社と同業であるB2社の株式の取得を意図していたが，B1社グループのオーナーである甲氏がB1社の株式しか売らないと主張したため，B1社株式を取得した（B1社，B2社ともに3月決算法人）（図表1 Step 1）。

A社としては，B1社を存続させる必要もないため，B1社とB2社を合併することとした。事業のあるB2社を被合併法人とすると実務上煩雑となるため，B1社を被合併法人にすることとした。合併対価はB2社株式のみである（図表1 Step 2）。

図表1：取引図

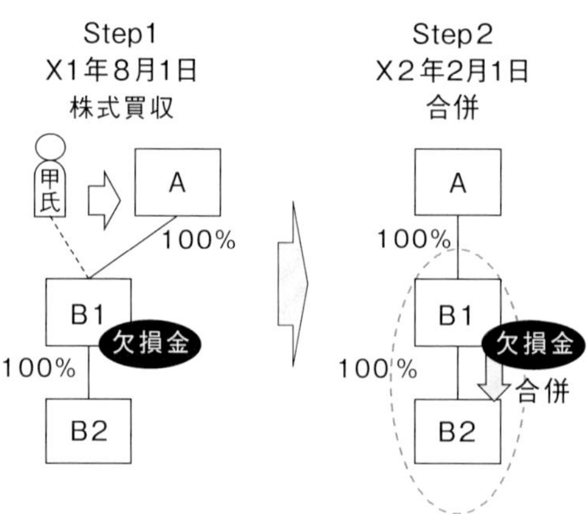

本件合併が適格合併に該当することは早々に確認できたが，B1社の欠損金をB2社に引き継げるか否かが論点となった（B1社は多額の欠損金を有している）。この点，B1社とB2社の完全支配関係は10年以上前から継続していることが確認できたため，「5年超支配関係」を有するものとして，B1社の欠損金はB2社に引き継げるものと判断，X2年2月1日，両社を合併した。

ここが間違い！

B1社はいわゆる「欠損等法人」に該当し，適用事業年度前の欠損金（X1年3月期以前の欠損金）はB2社に引き継げない。

❷ 解　説

組織再編の税務に携わっていると，時としてワナのように潜んでいるのが，この，「欠損等法人」の規定です。

これは，一定の要件に該当する法人（欠損等法人[1]）が買収された[2]後５年内に，その法人に「トリガー事由」が発生した場合には，その法人の適用事業年度[3]前の欠損金について繰り越しを認めない（切り捨てる），というものです（法法57の２）。

この制度が設けられた趣旨は，欠損金（評価損資産）を有する法人を買収した上で，利益の見込まれる事業をその法人に移転して，欠損金（評価損資産の実現損）と相殺する，という形の租税回避を防止するためです。

図表２：想定される典型的な租税回避の形

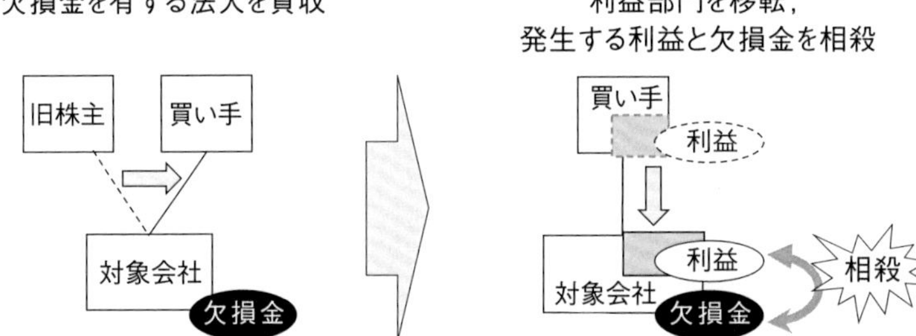

しかしながら，必ずしもそういった租税回避を意図していないような場合でも，要件を満たせばこの制度が適用されてしまうため，注意が必要です。

1　欠損等法人の要件
- 他の者との間に，当該他の者による特定支配関係（注）を有することとなったこと
  （注）他の者が，当該法人の発行済株式（自己株式を除く）等の50％超を直接または間接に有する関係等
- 特定支配事業年度（特定支配関係を有することとなった日の属する事業年度）において，特定支配事業年度前の各事業年度において生じた欠損金または評価損資産を有すること

2　他の者による特定支配関係（当該他の者が当該内国法人の株式の50％超を直接・間接に保有する関係その他一定の関係をいう）を有することとなること。

3　トリガー事由に該当することとなった日の属する事業年度（図表３の第四号の適格合併については適格合併の日の前日の属する事業年度）。

図表３：【欠損金の繰越が認められなくなる事由】（法法57の２①）

	前　　提	トリガー事由
一	支配日前に事業を営んでいない場合	支配日以後に事業を開始
二	支配日前に営む事業（旧事業）のすべてを支配日以後に廃止し，または廃止見込である場合	旧事業の支配日直前の事業規模のおおむね５倍を超える資金の借入・増資その他の資産の受入（以下「資金借入れ等」）を行うこと
三	支配株主グループが，グループ外から欠損等法人に対する債権（債権を債権券面額の50%未満で取得している場合で，欠損等法人の債務の総額の50%を超える債権）を取得している場合	旧事業の支配日直前の事業規模のおおむね５倍を超える資金借入れ等を行うこと
四	上記一～三における場合	欠損等法人が自己を被合併法人等とする適格合併等を行うこと
五	当該特定支配関係を有することとなったことに基因して，常務以上の役員のすべてが退任　かつ　旧事業の使用人総数のおおむね20%以上が当該法人の使用人でなくなった場合	旧事業の使用人が従事しない事業の事業規模が旧事業の支配日直前の事業規模のおおむね５倍を超えることとなること（一定の場合を除く）

⇨ 上記のトリガー事由に該当した場合、適用事業年度前[4]の欠損金が切り捨てとなる。

本事例の場合，Ｂ１社は，欠損金を有し，かつ，事業を営んではいない状態でＡ社にその株式の100%を買収されました。その上で，Ｂ１社を被合併法人とする適格合併を行いましたので，上記の四号事由に該当します。

したがって，適用事業年度（Ｘ２年２月１日の前日が属する事業年度＝Ｘ１年４月１日～Ｘ２年１月31日）前の各事業年度（Ｘ１年３月期以前の事業年度）において生じた欠損金は切り捨てられることになります[5]（欠損等法人の規定

4　p.105 脚注３を参照。

5　本事例では，Ｂ１社は株式を保有しているのみのペーパーカンパニーでした。仮にＢ１社に従業員がいて，子会社各社に経営指導や事務代行を行い，対価を収受しているような場合には，「事業を営んでいない」に該当しないものと判断できるケースがあるものと考えます。

は，適格合併に係る欠損金の引継規定より優先されます（法法57の２⑤））。

Ｂ１社とＢ２社の合併においては，外部からの欠損金が持ち込まれているわけではなく，租税回避には該当しないようにも思われますが，規定上，切り捨てとなってしまうのです。

なお，Ｂ１社の合併最後事業年度（Ｘ１年４月１日～Ｘ２年１月31日）は，欠損等法人の規定により欠損金が切り捨てられる事業年度（適用事業年度前の各事業年度）には該当しません。したがって，Ｂ１社の最後事業年度の欠損金については，グループ内合併における欠損金の引き継ぎ制限の規定のみが課されます。ここで，Ｂ１社とＢ２社は５年超の支配関係があることから，Ｂ１社の合併最後事業年度の欠損金はＢ２社に引き継ぐことができます（法法57②③）。

§4

グループ法人税制，その他の留意点

100%グループ内で組織再編成等を行う場合，「100%グループ内であれば，課税は発生しない」というイメージがあるからか，課税関係の検討が手薄になることが多いように感じます。本セクションでは，完全支配関係者間の取引に関連した留意点を４例紹介するとともに，§1から§3に挙げきれなかった「その他」の留意点を10例紹介します。

22 完全支配関係者間の受贈益なのに益金に算入される!?

⇨ 個人による完全支配関係がある法人間の寄附金・受贈益について，損金不算入／益金算入になるものと判断した。

・・・とは限らない。
個人による完全支配に注意

❶ 事　例

A社（小売業）とB社（ホテル業）は図表1のような資本関係にある。

この度，事業上の理由によりA社が保有するC社（外食業）の株式（簿価30，時価50）について，B社に移転することとした。A社とB社には完全支配関係があることから，グループ法人税制適用により譲渡損益が繰り延べられるものと考え，C社株式の移転方法は売買によることとした。

図表1：取引図

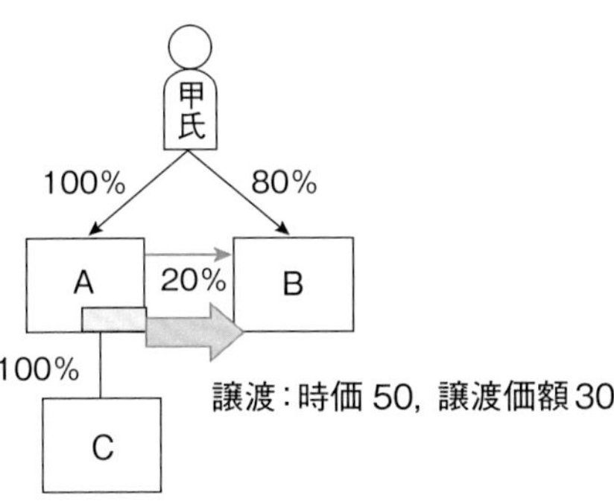

B社の資金がひっ迫していることから，C社株式の譲渡価額は，A社における簿価相当額である30とした。この結果，時価（50）と譲渡価額（30）との差額（50－30＝20）についてはA社側では寄附金，B社側では受贈益を認識することになるが，完全支配関係者間の寄附金／受贈益であることから，税務上，全額損金不算入／益金不算入になり，特段の課税関係は生じないものと考えた。

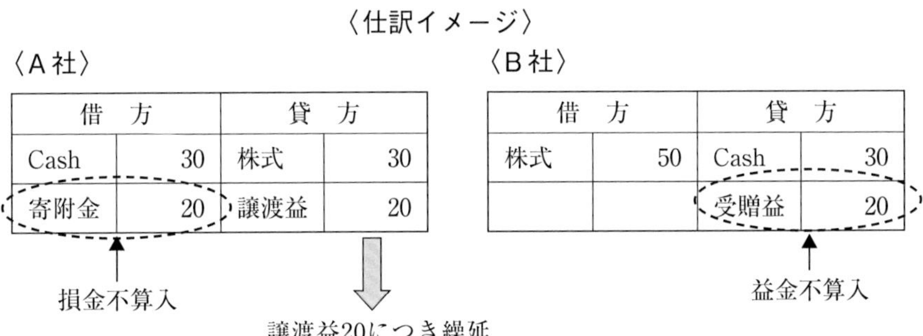

〈仕訳イメージ〉

〈A社〉

借　方		貸　方	
Cash	30	株式	30
寄附金	20	譲渡益	20

〈B社〉

借　方		貸　方	
株式	50	Cash	30
		受贈益	20

⇒ グループ全体で課税なし

ここが間違い！

寄附金・受贈益についてグループ法人税制が適用される（注）のは，寄附者と受贈者との間に法人による完全支配関係がある場合のみ。

（注）　寄附金につき全額損金不算入，受贈益につき全額益金不算入。

❷ 解　説

(1) 完全支配関係者間の寄附金・受贈益の損金・益金不算入

平成22年度税制改正によるグループ法人税制導入により，完全支配関係者間における一定資産の譲渡については，その譲渡損益について繰り延べられることとなりました（法法61の13①[1]）。また，完全支配関係者間の寄附金・受贈益については，その全額が損金不算入・益金不算入とされました（法法37②，25の２①）。

ここで，注意が必要なのが，この「完全支配関係者間」の範囲です。

譲渡損益が繰り延べられる「完全支配関係」とは内国法人間の完全支配関係[2]であり，支配をしている者については特段の限定はありません（法法61の13①）。

一方，完全支配関係者間の寄附金・受贈益の損金・益金不算入制度（法法37②，25の２①）における「完全支配関係」とは「法人による完全支配関係」に限定されています[3]。

したがって，上記事例のように，個人による完全支配関係がある[4]内国法人間において低額譲渡が行われた場合，譲渡に関してはグループ法人税制（譲渡損益繰り延べ）が適用になりますが，寄附金／受贈益についてはグループ法人税制が適用されません[5]。

その結果，Ｂ社においては受贈益の全額（20）が益金となり，Ａ社においては，寄附金20のうち（一般の寄附金の）損金算入限度額を超える部分が損金不算入となります。その結果，グループ全体では，受贈益の額から寄附金の損金算入額を控除した額だけ課税所得が増加することになります。

1　令和４年４月１日以後開始事業年度にあっては61の11①。
2　普通法人または協同組合等に限ります。
3　当事者は寄附者・受贈者ともに内国法人に限定されています。
4　法人による完全支配関係がない場合。
5　これは，例えば親が発行済株式の100％を保有する法人から子が発行済株式の100％を保有する法人への寄附について損金不算入かつ益金不算入とすると，親から子への経済的価値の移転が無税で行われることになり，相続税贈与税の回避に利用されるおそれが強いことによるものと説明されています（財務省ウェブサイト平成22年度税制改正の解説）。

〈仕訳イメージ（寄附金損金算入限度額＝５として記載)〉

〈A社〉

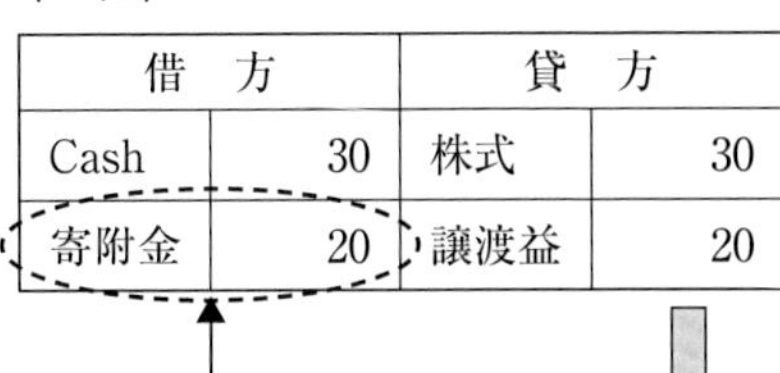

借　方		貸　方	
Cash	30	株式	30
寄附金	20	譲渡益	20

損金算入限度額を超える部分（15）につき損金不算入（損金算入となる５のみ）

譲渡益20につき繰延

〈B社〉

借　方		貸　方	
株式	50	Cash	30
		受贈益	20

益金算入

⇒ グループ全体では，課税所得が15（20−5=15）増加

完全支配関係者間の寄附金・受贈益の損金不算入（益金不算入）制度が適用されるのは，「法人による完全支配関係」がある場合のみ。

※寄附者・受贈者ともに内国法人である必要がある点についても留意。

23 完全支配関係者への債権放棄損は損金算入？　不算入？

⇨ 100％子会社に対する債権放棄について，貸倒損失としての損金算入要件を満たしているにもかかわらず，完全支配関係者間寄附金として取り扱った。

・・・とは限らない。

❶ 事　例

P社は，その100％子会社としてS社を有している。S社は現在，債務超過の状態であるが，S社の事業の先進性に目を付けたX社からM&Aの話が持ち上がった。

X社から，S社が債務超過の状態では株式の譲受に応じられないとの申し出があったため，P社が有しているS社への貸付金100について債権放棄[1]を行っ

1　業績が悪化している子法人に対する支援の方法としては，本事例で取り上げている債権放棄（子会社の立場からは債務免除）のほか，子会社を債務者とする債権を子会社に現物出資する方法（デット・エクイティ・スワップ，p.128の脚注8参照）もあります。

てから，Ｓ社株式をＸ社に売却することとした。

Ｐ社は，この債務免除について，グループ法人税制が適用されることから，Ｐ社・Ｓ社いずれにおいても直接的な課税関係は生じないものと判断した（Ｐ社側では債権放棄損につき，完全支配関係者間の寄附金として全額損金不算入，Ｓ社側では債務免除益につき，完全支配関係者間の受贈益として益金不算入。同時にＰ社が保有するＳ社株式の帳簿価額について寄附修正を行う）。

ここが間違い！

- ☑ 100%子会社に対する債権放棄であっても，法人税基本通達9-4-1（あるいは9-4-2）の要件を満たす場合には，寄附金に該当しない（損金算入）。
- ☑ 債権放棄した側で，寄附金に該当しない場合，債務免除を受けた法人において，受贈益の益金不算入は適用されない（ミラーの関係）。

図表1：取引図

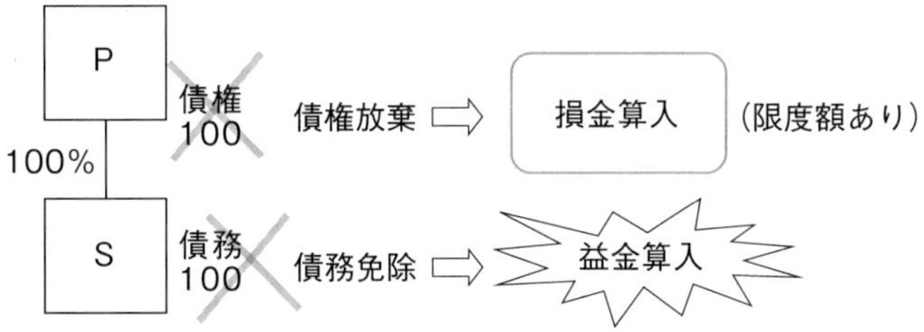

❷ 解　説

(1) 完全支配関係法人間の寄附金

完全支配関係[2]のある内国法人に対して寄附金の支出があった場合，当該寄附金については全額が損金不算入となります。一方，受贈者側においては完全支配関係者間の受贈益は益金不算入として取り扱います[3]（法法37②，25の2①）。

2　法人による完全支配関係に限ります。
3　内国法人である普通法人間での寄附／受贈を想定。

⑵ 法人税基本通達９－４－１

法人がその子会社の解散・経営権の譲渡等に伴い債権放棄等を行った場合，一定の場合はその経済的利益の供与の額は寄附金の額に該当しない（＝損金算入される）ものとされています（法人税基本通達９－４－１）。

寄附金に該当しない要件[4，5]（法基通９－４－１）

- **子会社整理に伴うものであること**：子会社等の解散，経営権の譲渡等に伴って行われる債務引き受けその他の損失負担・債権放棄等であること
- **相当の理由があること**：その損失負担等をしなければ今後より大きな損失をこうむることが社会通念上明らかであると認められるためやむを得ず損失負担等をするに至ったことについて相当の理由があると認められること

では，親会社側で寄附金に該当せず損金の額に算入される場合，債務免除を受けた子会社側の取扱いはどうなるのでしょうか？

親会社の側の取扱いにかかわらず，債務免除は子会社の側から見れば完全支配関係者からの利益供与であるから，完全支配関係者間の受贈益として益金不算入になるのではないか，と思われるかもしれません。

しかしながらこの点，益金不算入となる受贈益の範囲として「第37条第７項の寄附金の額に対応するものに限る」という限定がついています（法法25の２①かっこ書）。つまり，寄附者・受贈者の間で，税務上の取扱いはミラーになるように設計されているのです。したがって，債権放棄損が親会社側で損金の額に算入されるのであれば，子会社側では当該債務免除益は，益金の額に算入されます。

「完全支配関係者間だから，債権放棄しても課税関係は発生しない」とは限らない。

4　子会社を再建する場合の債務免除等の取扱いについては別途法人税基本通達９－４－２に定められています。

5　実務上は，どのような場合に損金算入できるかという点が論点となります。その際，子会社の状況，支援者の範囲の妥当性，支援金額の妥当性などを検討します。

国税庁ウェブサイト＞タックスアンサー＞ No.5280　子会社等を整理・再建する場合の損失負担等に係る質疑応答事例等を参照。

24 完全支配関係者間の非適格合併における資産調整勘定の計算非違

⇨ 完全支配関係者間非適格合併における資産調整勘定の計算に際して，繰延譲渡損益相当額に係る調整計算を失念した。

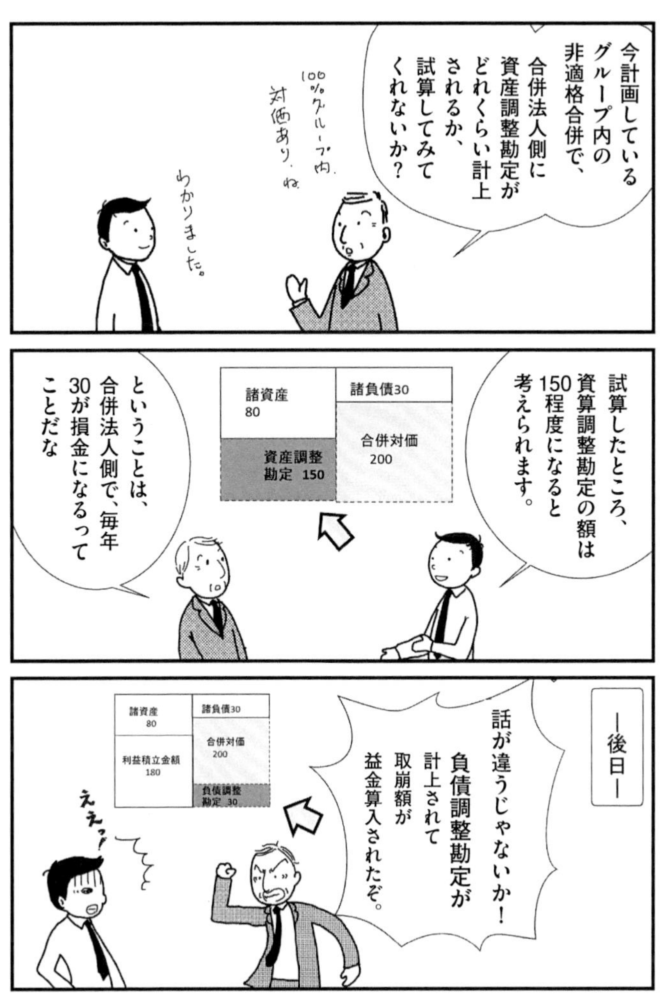

❶ 事　例

税理士甲は完全支配関係者間の非適格合併に際して，合併法人において計上することとなる資産調整勘定の額の試算を依頼された。合併法人における資産・負債の受入価額は資産80，負債30であるところ，合併交付対価の額が200であったことから，税理士甲は資産調整勘定の金額を200－(80－30)＝150として計算した。

〈資産調整勘定の計算〉

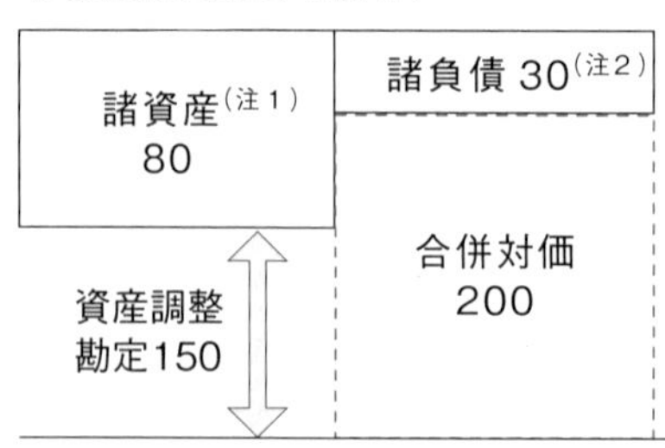

（注１）諸資産の内訳
現預金　10
土　地　70※
※土地の時価250。譲渡損益調整資産に該当するため，被合併法人の帳簿価額（70）で受け入れ。

（注２）退職給与負債調整勘定，短期重要負債調整勘定を含む。

ここが間違い！

完全支配関係者間合併が行われた場合，資産調整勘定（差額負債調整勘定）の計算要素としての純資産価額の計算上，譲渡損益調整資産については，合併法人における受入価額（被合併法人における帳簿価額）ではなく，当該資産の時価相当額を用いる。

❷ 解　説

(1)　非適格合併と資産調整勘定／差額負債調整勘定

非適格合併が行われた場合，合併により交付した資産の時価の合計額（非適格合併等対価の額）が，合併により移転を受けた資産・負債[1]の時価純資産価額の合計額を超える場合，その超える部分の金額をもって[2]，合併法人におい

1　退職給与負債調整勘定，短期重要負債調整勘定を含みます。
2　当該資産の取得価額の合計額が負債の額の合計額に満たない場合にはその満たない部分の金額を加算した金額。

て資産調整勘定を計上します（法法62の８①）。

資産調整勘定の金額は計上後60か月にわたって均等に取り崩し，損金の額に算入します（法法62の８④⑤）。

また，移転資産負債[3]の時価純資産価額の合計額が合併交付資産の時価の合計額を超える場合には，その超える部分の金額をもって，差額負債調整勘定を計上します（法法62の８③）。差額負債調整勘定は，計上後60か月にわたって均等に取り崩し，益金の額に算入します（法法62の８⑦⑧）。

⑵ 「時価純資産価額の合計額」

上述の「時価純資産価額」とは，合併法人における資産の取得価額の合計額から負債の額の合計額を控除した金額を指します。

ここで，「合併法人における資産の取得価額」とは，原則として合併受入価額を意味します。非適格合併における合併受入価額は，原則は時価ですが，完全支配関係者間非適格合併における譲渡損益調整資産の合併受入価額については，被合併法人の帳簿価額相当額とされています（法法62①，61の13⑦[4]）。

資産調整勘定（差額負債調整勘定）の金額は，本来，個別資産（負債）の時価純資産価額の合計額と交付された対価の額との差額として計算されるべきところ，受入価額として簿価が付されていると，正しい計算ができません。

そこで，資産調整勘定の計算における時価純資産価額の計算において，資産の取得価額は「法61条の13[4]第７項の規定がないものとした場合の取得価額」を用いることとされています（法法62の８①かっこ書）。これはつまり「完全支配関係者の非適格合併において，合併受入価額が帳簿価額となっている資産について，資産調整勘定の計算上は，時価をもって取得価額として計算する」ということです。

⑶ 本事例における資産調整勘定（差額負債調整勘定）の計算

本事例においては，資産調整勘定（差額負債調整勘定）は次のように計算されます。

3　退職給与負債調整勘定，短期重要負債調整勘定を含みます。
4　令和４年４月１日以後開始事業年度にあっては61の11第７項。

(i)　資産の取得価額（260）＝現預金（10）＋土地（250）

(ii)　時価純資産価額（230）＝資産の取得価額の合計額（260）－負債の合計額（30）

(iii)　差額負債調整勘定※（30）＝時価純資産価額（230）－合併対価の額（200）

※時価純資産価額（230）＞合併対価の額（200）であるため，差額負債調整勘定が計上される。

なお，合併受入処理について，譲渡損益調整資産を帳簿価額にて受け入れるにもかかわらず，資産調整勘定（差額負債調整勘定）は時価をベースに計算する結果，合併受入仕訳において，譲渡損益調整資産の含み損益相当額の貸借差額が発生します。この差額は，合併法人において利益積立金額として処理します（法令９①一ヲ）。

(4)　本事例における合併受入仕訳

(3)を加味した，本事例における，あるべき合併受入仕訳は次のようになります。

〈合併受入仕訳〉

借方	貸方
諸資産（注3） 80	諸負債 30
利益積立金額 180（注2）	合併対価 200
	差額負債調整勘定 30（注1）

（注１）資産調整勘定・差額負債調整勘定の計算：合併対価 200 －（諸資産 260（※）－諸負債 30）＝▲30 → 差額負債調整勘定 30
※現金 10 ＋土地（時価）250

（注２）貸借差額（譲渡損益調整資産に係る含み損益の額に相当）は利益積立金額に計上される（法令９①一ヲ）。

（注３）現預金 10 ＋土地 70

完全支配関係者間非適格合併の場合[5]，
資産・負債の受入価額だけを参照して，
資産調整勘定（差額負債調整勘定）と計算すると，間違えてしまうので，注意しましょう。

5　法法 61 の 13 ⑦※の適用がある場合。
※令和４年４月１日以後開始事業年度にあっては 61 の 11 ⑦。

25 自己創設のれんには，グループ法人税制が適用されない!?

⇨ 完全支配関係者間の非適格分割において，自己創設のれんに対する課税を見落とした。

❶ 事　例

Ａ社とＢ社は100％の兄弟会社の関係にある。このたび，Ａ社が営むα事業をＢ社に移転することとした。移転方法は分割によることとし，対価は金銭とした（非適格分社型分割）。

対価の額について税務上問題とならないよう，第三者機関に算定を依頼し，その金額によることとした。

A社は，非適格分割による資産の移転に際して生じる譲渡損益についてはグループ法人税制が適用され，その全額が繰り延べられると考えた。念のため税理士乙氏に確認を行ったところ，乙氏は，分割移転資産のリストを確認した上で，含み益がありそうな資産（土地，有価証券等）の帳簿価額がすべて1千万円以上であることから，譲渡損益は全額繰り延べられるであろう旨，回答した。

図表1：取引図

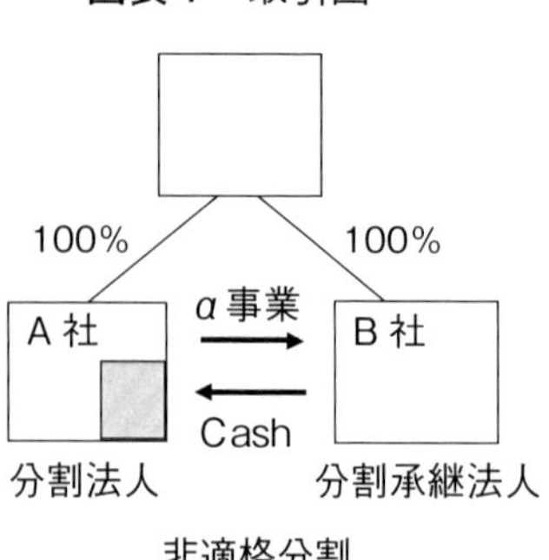

後日，α事業に係る「のれん」（時価1億円）について，帳簿価額がゼロであることから譲渡損益調整資産に該当せず，A社において1億円の譲渡益に対する課税が発生することが判明した。

ここに注意！

完全支配関係者間の取引であっても，自己創設のれんに係る譲渡益は繰り延べ対象とならない。

❷ 解　説

(1) 譲渡損益調整資産の範囲

完全支配関係を有する法人間[1]で，譲渡損益調整資産の譲渡を行った場合，その譲渡損益は繰り延べられます（法法61の13①）[2]。

ここで，譲渡損益調整資産とは固定資産，土地[3]，有価証券，金銭債権および繰延資産のうち，図表2以外のものを指します（法令122の14）。

1　内国法人である普通法人または協同組合等に限ります。
2　令和4年4月1日以後開始事業年度にあっては61の11①。
3　土地の上に存する権利を含みます。

図表２：譲渡損益調整資産から除外されるもの

(i)　売買目的有価証券[4]
(ii)　譲受側で売買目的有価証券とされる有価証券
(iii)　譲渡直前の帳簿価額が千万円に満たない資産

(2)　自己創設のれんの場合

事業の譲渡等に際して，超過収益力としての「のれん」が認識されることがあります。この「のれん」は，「営業権」として固定資産に該当すると考えられます。自己創設のれんの場合，帳簿価額はゼロとなるため，上記(iii)「帳簿価額が千万円に満たない資産」に該当し，譲渡損益調整資産には該当しないことになります。

したがって，自己創設のれんについては，完全支配関係者間における譲渡であっても，その譲渡益が繰り延べられないこととなります。

自己創設のれんは，（通常）分割法人の貸借対照表には計上されていないため，うっかり見逃してしまわないように注意が必要です。

4　法法61の3①一に規定する売買目的有価証券。(ii)において同じ。

参考4

非適格株式交換，連結納税制度加入（開始）における自己創設のれんの取扱い

事例25では自己創設のれん（帳簿価額ゼロ）のグループ法人税制上の取扱いを示しました（譲渡益が繰り延べられない≒課税発生）。

一方，非適格株式交換および連結納税制度加入（開始）における時価評価に際しては，自己創設のれんについては評価益を計上する必要はありません（=課税が発生しない）。

これは非適格株式交換，連結納税制度加入・開始時における**時価評価資産から除外**される資産として，「帳簿価額が千万円に満たない資産」が規定されているからです（法令122の12，123の11）。

譲渡損益繰延資産からの除外，時価評価資産からの除外…正直，頭がこんがらがります…。

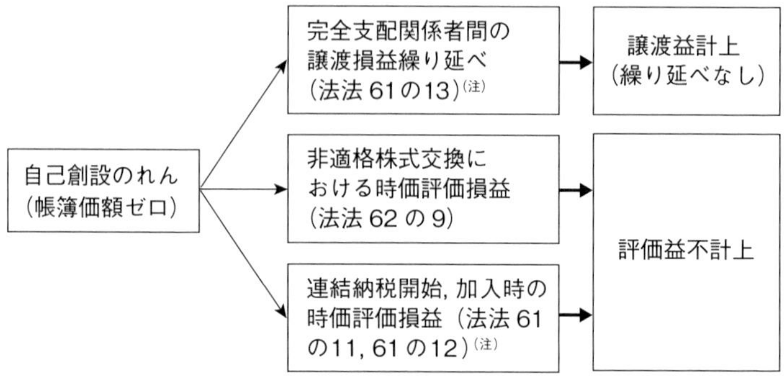

（注）令和４年４月１日以後開始事業年度にあっては，グループ通算開始，加入，離脱時の時価評価損益（法法64の11から13）

26 デット・エクイティ・スワップをしたら課税が発生!?

⇨ 金銭債権を債務者である法人に現物出資したところ，当該法人（被現物出資法人）において債務消滅益が生じ，課税が発生した。

相続税は
減少したん
だけどね・・・

非適格DESに要注意！

❶ 事　例

甲氏はＡ社の株式を100％保有しているとともに，Ａ社に対する貸付金を１億円有している。Ａ社は債務超過の状態にあるものの，現状においては，当該債権の相続税評価額は，額面評価となるものと見込まれている[1]。そこで，甲氏保有財産の相続税評価額を圧縮するために，Ａ社宛貸付金をＡ社に現物出資することとした（図表１）。

1　相続税法上，貸付金債権は元本の価額と利息の価額の合計額によって評価されます（財基通204）。この際，債務者について手形交換所の取引停止処分，民事再生法による再生手続き開始決定といった事実が発生している場合等においては，回収不能部分は元本の価額に算入されないものの，単純に債務超過という事実だけでは，減額評価することは許容されません（財基通205）。

図表１：意図した取引

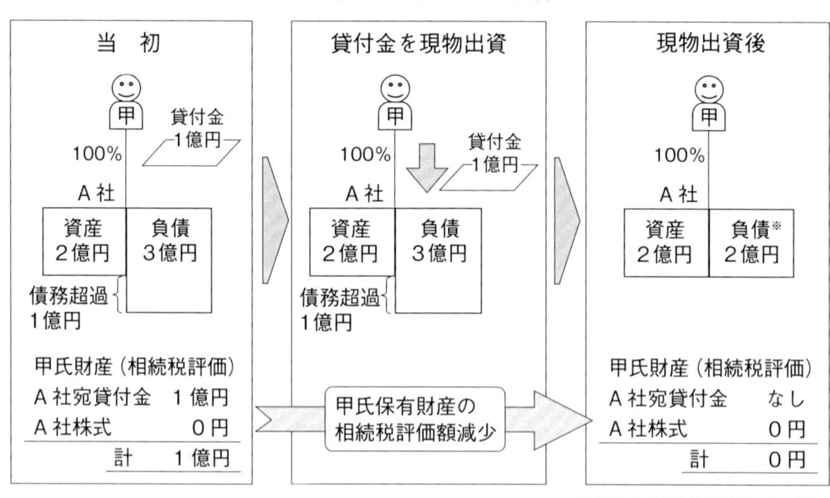

※借入金１億円は混同により消滅

その後，A社の法人税申告書作成の過程において，A社において多額の債務消滅益が発生することが判明した。A社は債務超過ではあるものの，青色欠損金は有していない（期限切れ）ため，債務消滅益の発生により，多額の法人税額が生ずることとなった。

非適格DESが行われた場合，債務者側で債務消滅益が生じることがある[2]。

❷ 解　説

(1) 個人から法人への現物出資の取扱い

個人が法人に対して行う現物出資は適格現物出資に該当しません（法法2十二の十四）。

非適格現物出資が行われた場合，被現物出資法人においては，現物出資財

2　適格DESでも，一定の場合には債務消滅益が生じます（後述(3)参照）。

産について時価にて受け入れ，同額の資本金等の額の増加を認識します（法令８①一）[3]。金銭債権の時価とは，一般に合理的に見積もられた回収可能額となります[4]ので，回収不能が見込まれる部分の金額がある場合には，金銭債権の時価は額面金額より小さくなります。

(2)　債権債務の混同による消滅と債務消滅益

金銭債権が債務者である法人に現物出資されると，これにより金銭債権と債務が同一者に属することになります。金銭債権と債務が同一者に属した場合，民法上の「混同」によりこれらは消滅することとなります（民法520）。この際，現物出資財産の受入価額（債権時価）が額面（債務の金額）より小さい場合には，債権債務の消滅に際して，消滅差額が発生することになります。この消滅差額は，「債務消滅益」として，被現物出資法人の益金の額に算入されます[5]。

〈現物出資受入仕訳〉

貸　方		借　方	
貸付金	30百万円	資本金等の額	30百万円

↑
貸付金の時価

〈債権・債務の混同による消滅〉

貸　方		借　方	
借入金	１億円	貸付金	30百万円
		債務消滅益	**70百万円**

益金が発生！

3　国税庁ウェブサイト＞文書回答事例＞ 平成22年２月22日「企業再生税制適用場面においてDESが行われた場合の債権等の評価に係る税務上の取扱いについて」

4　このほか，借入利率が市場金利と異なる場合には，これも時価を引き上げ／引き下げる要因となり得ます。

5　混同による債権債務の消滅が資本取引に該当するか争われた事例として，東京高裁平成22年９月15日判決（最高裁平成23年３月29日上告棄却決定）。

(3) ストラクチャリング上の留意点

経営不振にある債務者に対して，デット・エクイティ・スワップを行う場合，それが100%グループ法人間での取引であれば，完全支配関係が継続見込みであることを前提として，適格現物出資に該当，被現物出資法人は，金銭債権を債権者側の帳簿価額で受け入れることになります。このため，通常はこの「債務消滅益」問題は発生しません。

※ただし，債権者（現物出資法人）側で債権を額面未満の金額で取得している場合については，適格現物出資であっても，被現物出資法人において債務消滅益が生じることになるので注意。

一方で，現物出資者が個人である場合や，完全支配関係法人間の現物出資で，現物出資後に子会社株式を売却見込みである場合，現物出資が完全支配関係者間以外で行われる場合には，通常[6]，当該現物出資は非適格現物出資に該当，この「債務消滅益」の問題が生じます。このため，デット・エクイティ・スワップの実施に際しては，①「債務消滅益」がどれくらい生じるのか，②当該益金は欠損金と相殺できるか，③法人税法第59条[7]の適用に余地があるか，といった観点から，慎重な検討が必要です[8]。

6　事業の移転に伴い債権が移転する場合には適格現物出資に該当する可能性があります。

7　会社更生等による債務免除等があった場合の欠損金の損金算入。

8【親法人からその100%子会社に対するDES】
本事例では個人株主によるデット・エクイティ子会社支援・スワップ（DES）について取り扱っていますが，法人からその子会社（経営不振）に対して支援策として行われるDESに関する論稿として「DES（デット・エクイティ・スワップ）による子会社支援」（野田秀樹，国税速報6615号）があります。また，『法人税基本通達逐条解説（九訂版）』（佐藤友一郎，税務研究会出版局，2019）においても，債権の現物出資による子会社支援についての取扱いの記述があります。

27 2種以上の株式を発行している場合の自己株式の取得

⇨ 2種類の株式を発行している法人の自己株式取得に際して，みなし配当金額の計算上，種類株式を考慮しなかった。

❶ 事　例

A社は，その資本政策の一環として，株主であるα氏，β社，γ社から自己株式を取得することとした。そこで，A社の経理部の甲氏は，資本政策のアドバイザーである乙税理士に，みなし配当額の計算および源泉徴収税額の計算を依頼した。乙税理士は，甲氏から，以下の情報を入手した上で，株主ごとのみなし配当金額および源泉徴収金額を算出し，甲氏に提出した。

〈みなし配当計算に当たり会社から税理士に提出した情報〉

- 自己株式の１株当たり買い入れ金額，取得株式数
- 自己株式取得直前におけるＡ社の資本金等の額，発行済株式総数

甲氏は乙税理士から報告を受けたみなし配当金額・源泉徴収金額の数値に基づいて，源泉徴収・納付を行うとともに，みなし配当に係る通知書を作成した。

後日，法人税申告書を作成する段階になって，顧問税理士である丙氏から，Ａ社は２種類の株式を発行しているにもかかわらず，みなし配当金額の計算において種類株式が考慮されておらず，源泉徴収税額が正しく計算されていない旨を指摘された。

自己株式の取得に係るみなし配当の金額の計算式は，２以上の種類の株式を発行している場合と，そうでない場合とで異なる。

❷ 解　説

(1) みなし配当と種類株式

書籍などにおいて，自己株式取得に係るみなし配当の計算式は，以下のように説明されていることが多いようです。

(i) 自己株式取得に係るみなし配当の金額(注1)

$$\text{交付金銭等の額} - \frac{\text{自己株式取得直前の資本金等の額}^{(\text{注}2)}}{\text{自己株式取得直前の発行済株式数（自己株式を除く）}} \times \text{取得自己株式数}$$

（注１）　単体納税で，複数の種類の株式を発行していない場合。
（注２）　マイナスの場合は零。

自己株式を取得する法人の発行する株式が１種類であれば，この算式でよいのですが，２種類以上の株式を発行している場合には，取得した種類の株式ごとに以下の計算を行います（法令23①六イロ）。

(ii)　2以上の種類の株式が発行されている場合[注1]

$$\text{交付金銭等の額} - \frac{\text{自己株式取得直前における取得自己株式と同一の種類の株式に係る種類資本金額}^{(注2)}}{\text{自己株式取得直前の当該種類の株式の総数（自己株式を除く）}} \times \text{取得自己株式数}$$

（注１）　単体納税を前提。
（注２）　マイナスの場合は零。

２以上の種類の株式を発行する法人のみなし配当金額の計算式が，１種類の株式を発行する法人における計算式と異なる，ということを知識として知らなくても，乙税理士がみなし配当金額の計算にあたって，該当条文を読んで確認していれば，このことに気づくことができたものと思われます。

書籍やウェブで情報を入手しても，最後に必ず該当条文を確認するという習慣が大事なのかと思われます（筆者自身への自戒の念を込めて）。

ヒヤリハット類似例 7

「償還株式」がある場合

種類株式を発行している法人を受入側法人(注1)とする，無対価組織再編成が行われた場合，株式が発行されないことから，増加資本金等の額を何らかの方法で種類資本金額に割り振る必要が生じます。この割り振りは，当該種類株式の時価に応じて行われます（法令8④）。ここで，「償還株式」(注2)については，割り振り計算の対象から除外されています。

これは，償還株式は一定の決まった価格で償還されることから，組織再編成により種類資本金額が増加しないという取扱いにしたものと思われます。

このように償還株式を除外する取扱いをするものとしては，他に「完全支配関係者間における自己株式の取得等」があります。完全支配関係者間で，自己株式取得等のみなし配当事由が生じる取引が行われた場合，譲渡損益相当額が資本金等の額に計上されます。この際の減少（増加）資本金等の額の種類資本金額への割り当て計算においても，「償還株式」は除外されています（法令8⑥）。

正直，実務上，あまり頻繁に出てくるものではありません。だからこそ，失念しやすいのも事実です。この除外計算を失念してしまうと，後日，償還株式を償還する際に，計算上，思いがけないみなし配当が発生する，ということがあるので要注意です。

（注1） 合併法人，分割承継法人，株式交換完全親法人。
（注2） 以下の株式を指します（法令8④一，二）。
一　法人がその発行する一部の株式の内容として株主等が当該法人に対して確定額又は確定額とその確定額に対する利息に相当する金額との合計額の金銭を対価として当該株式の取得を請求することができる旨の定めを設けている場合の当該株式
二　法人がその発行する一部の株式の内容として当該法人が一定の事由が発生したことを条件として確定額又は確定額とその確定額に対する利息に相当する金額との合計額の金銭を対価として当該株式の取得をすることができる旨の定めを設けている場合の当該株式

28 取得予定株式を見落とし

⇨ 自己株式の取得が「取得予定株式」の取得に該当し，みなし配当につき益金不算入できないことに気付かなかった。

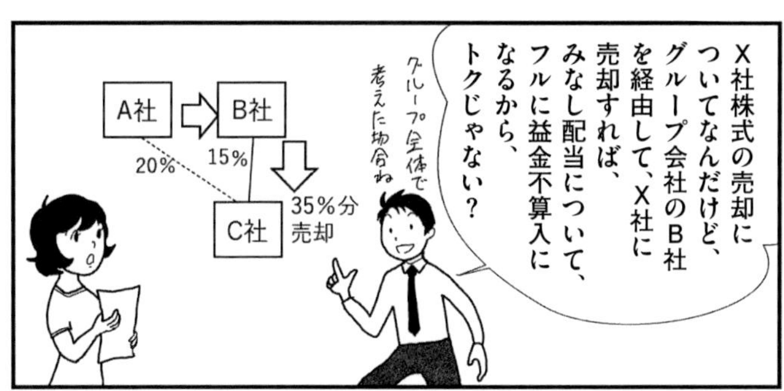

❶ 事　例

A，B，C社は50%超100%未満の兄弟会社である。今回，各社の事業を整理することとし，大きくわけて次の2つを検討している。

① A社が営む事業につき一部を除いてB社に移転する（対価＝現金）

② X社（A社が15%，B社が20%，C社が65%株式を保有する会社）につき，C社の100%子会社とする。

図表1：取引図

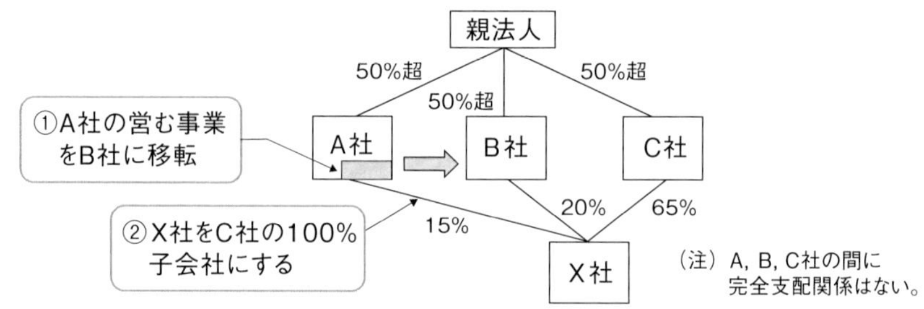

まず，①（A社の一部事業のB社への移転）については現金対価の分割（非適格分社型分割に該当）により実施することとした。

次に，②（X社をC社の100%子会社にする）については，次の4つの手法が候補となった。

(i) X社株式をA社・B社からC社に譲渡する

(ii) X社株式をA社・B社からX社に譲渡する（自己株式取得）

(iii) X社株式を①の分割資産に含めてB社に移転した上で，分割後に一括してB社からC社に譲渡する

(iv) X社株式を①の分割資産に含めてB社に移転した上で，分割後に一括してB社からX社に譲渡する（自己株式取得）

図表2：②（X社の100%子会社化）の4つの選択肢

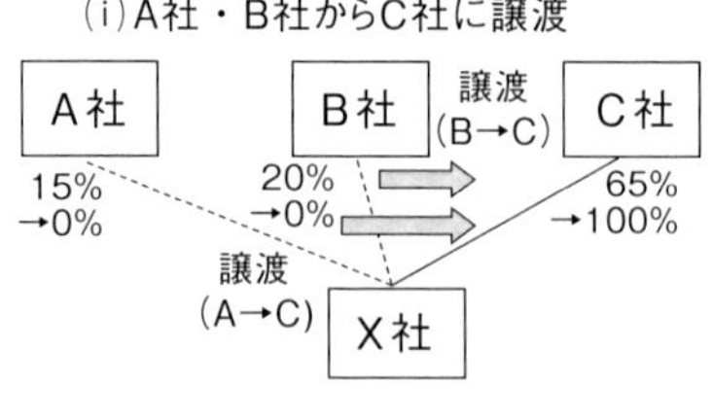

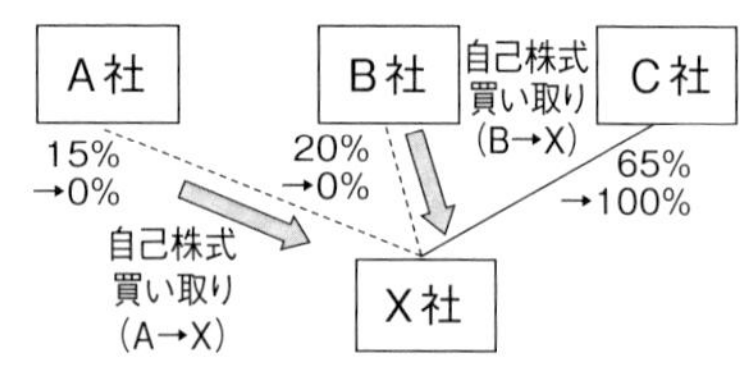

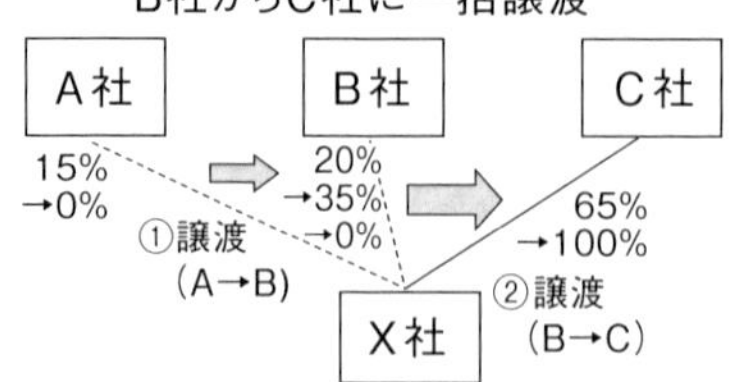

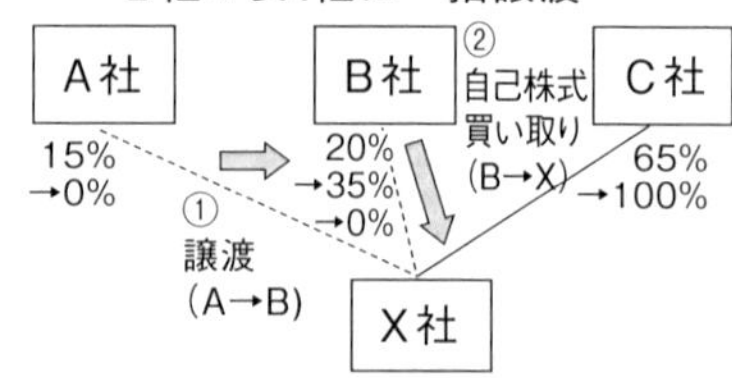

これらの選択肢の有利不利を検討したところ，(ii)および(iv)（自己株式取得）については，みなし配当が発生することから，受取配当の益金不算入措置が適用できるため，税務上有利になると考えられた。さらに，(ii)と(iv)の比較では，以下の通り(iv)の方が有利になると考えられたので，(iv)の方法を採用した。

〈選択肢(ii)と(iv)の比較〉

(ii)の方法：X社による自己株式の取得に伴って発生するみなし配当は，A社分・B社分ともに，「その他株式等に係る受取配当」に区分され，配当の額の50%が益金不算入となる。

(iv)の方法：X社による自己株式の取得に伴って発生するみなし配当(※)は，「その他株式等に係る受取配当」に区分され，配当の全額から当該配当に係る利子の額を控除した金額が益金不算入となる。B社には支払利子がないため，受取配当の全額が益金不算入となる。

（※）B社が株式を取得してからX社に譲渡するまで一定の期間をあけることにより，B社は配当の額の計算期間中，継続してX社株式を3分の1超保有することとなる前提。

A，B，C社が決定した取引の内容をまとめると以下の通り。

図表3：決定した取引図

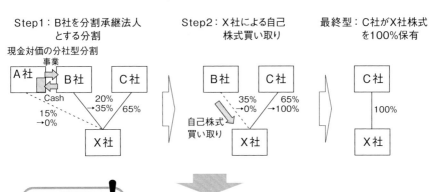

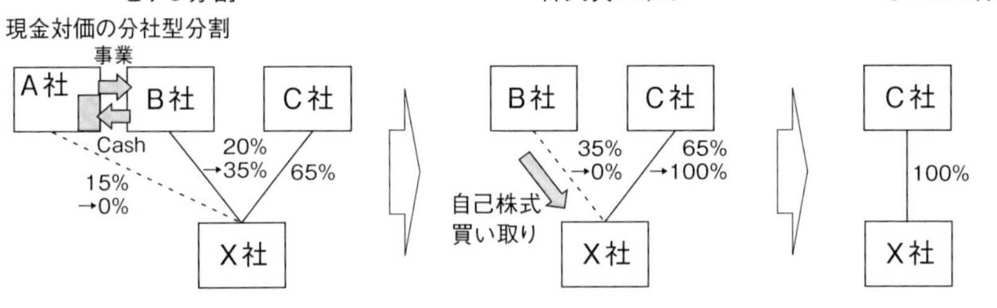

ここが間違い！

上記Step 2に係るみなし配当の全部または一部は**「取得予定株式に係る配当」**に該当するため，益金不算入にならない。

❷ 解　説

法人が株式をその発行法人（内国法人）に譲渡した場合，その譲渡収入のうち，資本金等の額に対応する部分を超える金額については，受取配当とみなされます[1]。受取配当については，その株式の区分に応じて，３分の１超から100％の額（ただし，負債利子の控除あり）が益金不算入となります（益金不算入割合については事例29図表２を参照）。

〈発行法人による自己株取得の際の株主側の税務仕訳の例〉

借　方		貸　方	
Cash	1,000	受取配当	400
株式譲渡損	100	株式	700

※発行法人の資本金等の額のうち，取得自己株式に対応する部分の金額は500，株主における株式の帳簿価額は700とする。
この際，株主にとっては，収入1,000のうち400がみなし配当，600が譲渡収入となる。

ただし，その株式が「取得予定株式」に該当する場合は，その取得をした株式等に係る配当の額については受取配当益金不算入の規定自体が適用されません（法法23③）[2]。「取得予定株式」とは，その株式の取得等の時点で，当該株式につき，自己株式の取得，非適格合併等によりみなし配当が生じることが予定されている株式です[3]（法法23③，法令20）。

取得の時点とは，株式の取得の態様に応じて以下の通りとなります（法令20一，二）。

1　譲渡価額によってはみなし配当が発生しないこともあります。
自己株式の取得が行われた場合の，みなし配当金額を算定する式は以下の通り（発行法人が１の種類の株式のみを発行している場合で，連結納税を採用していない前提。下記の式がマイナスになる場合はみなし配当の額ゼロ）。

$$\text{交付を受けた金銭等の額} - \frac{\text{自己株式取得直前の資本金等の額}^{(※2)}}{\text{発行済み株式等}^{(※)}\text{の総数}} \times \text{取得自己株式の数}$$

（※）自己株を除く。
（※２）ゼロ以下の場合はゼロ。

2　このほか，「短期保有株式」について，受取配当益金不算入金額を縮減する措置がありますが，この措置は，みなし配当については適用されないため，説明を省略します（法法23②かっこ書）。

3　法人税法第61条の２第17項の規定の適用があるものを除きます。

取得の態様	時　点
(1)　当該取得株式等が適格合併，適格分割，適格現物出資により被合併法人，分割法人，現物出資法人（右欄において被合併法人等という）から移転を受けたものである場合	被合併法人等における取得の時(注)
(2)　上記(1)以外の場合	当該法人の取得時

(注)　つまり，被合併法人等の取得時期を引き継ぐこととなる。

本事例ではB社がX社株式を非適格分割により取得するので，上記，(2)に該当します。したがって，分割によりB社がX社株式を取得した時点で，当該株式がX社により取得されることが見込まれていたかどうかによって判定することになります。本事例のような分割と売却がセットで行われるケースにあっては，「取得が見込まれていた」，と認定される可能性が高いと思われます。

この場合，B社がA社から取得した15%のX社株式に係るみなし配当については，益金不算入とはなりません。

参考5

適格合併等により取得した株式の取得時期

事例28におけるB社によるX社株式の取得（Step1）は，非適格分割に該当します。もしこれが適格分割である場合には，上記(1)に該当し，「取得予定」があったか否かの判定は，A社がX社株式を取得した時点までさかのぼります。

ヒヤリハット類似例 8

完全支配関係者間の取引における取得予定株式

事例28にて解説した通り，みなし配当事由が生じることが予定されている株式を取得し，その後みなし配当事由が生じた場合には，当該みなし配当については受取配当の益金不算入規定が適用されません。ただ，これには例外があります。

完全支配関係のある法人からのみなし配当（法法61の2⑰の規定が適用される配当）については，取得予定株式に係る配当から除外されています（法法23③かっこ書）。このような取扱いとなっているのは，完全支配関係者間の場合，株式の譲渡損相当額が資本金等の額に計上されることから，租税回避の手段として利用されるおそれがないことによります。

「取得予定株式」を警戒していると，この完全支配関係がある場合の除外措置をうっかりスルーしてしまうことがあるので，要注意です（筆者もヒヤリとしたことがあります）。

借　　方		貸　　方	
Cash	1,000	受取配当	400
資本金等の額	100		

株式譲渡損（益）を計上しない

⇨ 取得予定株式に係る配当に該当しない＝受取配当の益金不算入措置を適用可とする

29 株式移転後の受取配当益金不算入

⇨ 株式移転直後に，株式移転完全親法人が株式移転完全子法人から受け取る配当について，「完全子法人株式等に係る配当」（全額益金不算入）に該当するものと思い込んでいた。

❶ 事　例

X1年7月1日，S社（3月決算法人）を株式移転完全子法人，P社を株式移転完全親法人とする株式移転（単独株式移転）を行った（図表1）。

株式移転実施後，P社における配当原資を確保するために，S社からP社に配当（利益剰余金を原資）を行うことを検討した（S社は毎期配当を実施していた。直近の配当の基準日はX1年3月31日）。

そこで，S社から受け取る配当金のP社における取扱いについて，税理士に確認したところ，配当の基準日においてP社とS社との間に完全支配関係があれば，当該配当は「完全子法人株式に係る配当」に該当し，P社において全額益金不算入となる旨の回答を得た。

そこでS社は，X1年9月に臨時株主総会を開催，P社に対して多額の配当を支払った（配当の基準日＝9月10日）。

図表1：取引図

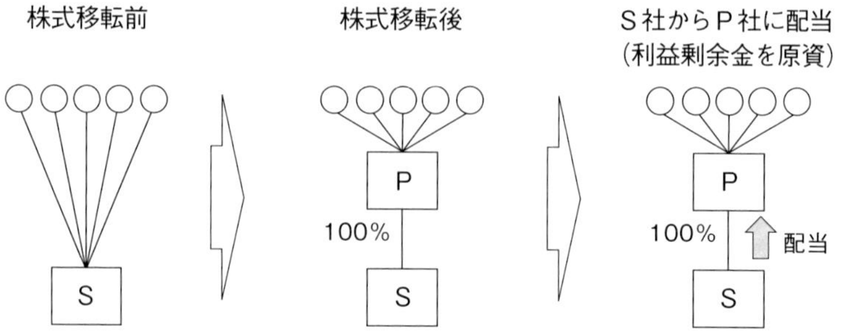

ここが間違い！

P社とS社との間に，配当等の額の計算期間の初日から末日まで継続して完全支配関係がないため，上記の配当は「完全子法人株式に係る配当」に該当しない。

❷ 解　説

(1) 受取配当の益金不算入

法人が内国法人から受け取った配当については，その株式の区分に応じて一定の割合が，益金不算入となります（図表2）。

図表２：受取配当の益金不算入割合（法法23①）

	区　分	持株割合等	益金不算入割合
①	完全子法人株式等	100％（注１）	100％
②	関連法人株式等	３分の１超（注２）	100％（負債利子控除あり）
③	その他の株式等	①②④いずれにも該当しないもの	50％
④	非支配目的株式等	５％以下（注３）	20％

（注１）　配当等の額の計算期間（※）の初日から末日まで継続して内国法人と他の内国法人との間に完全支配関係（100％のグループ関係）があった場合（みなし配当については支払効力発生日の前日にて判定）（法令22の２）。

（注２）　内国法人が他の内国法人の発行済株式等（自己株式等を除く）の３分の１超の株式等を，配当等の額の計算期間（※）の初日から末日まで引き続き有している場合（みなし配当については支払効力発生日の前日にて判定）（法令22の３）。

（注３）　発行済株式等（自己株式等を除く）の５％以下の株式等を，配当等の額の支払に係る基準日において有する場合（法令22の３の２）。

（※）配当の計算期間については脚注２，３を参照。

(2)　「完全子法人株式等」「関連法人株式等」

図表２の通り，完全子法人株式等に係る配当[1]についてはその全額が益金不算入となるわけですが，収受した配当が「完全子法人株式に係る配当」に該当するためには，配当の支払側と受取側の完全支配関係が，配当の計算期間の初日から末日まで継続している必要があります（法令22の２①）。ここで，「計算期間」とは，原則として前回の配当基準日の翌日から，今回の配当基準日までの期間を指します[2]（法令22の２②）。

関連法人株式等に係る配当についても同様で，収受した配当が「関連法人株

1　利益剰余金を原資とする配当を想定。なお，みなし配当（含：資本払い戻し）については，支払に係る効力が生じる日の前日において完全支配関係があったか否かにより判定します（法令22の２①かっこ書）。

2　【完全子法人株式に係る計算期間】：「計算期間」とは，その配当の直前の配当の支払基準日の翌日から，今回の配当の支払に係る基準日までの期間をいいます。ただし，完全子法人株式等の判定にあっては，前回の配当基準日が，今回の配当基準日の１年前の日以前である場合には，当該１年前の日の翌日とされます。このほか配当を支払う法人が新設法人である場合や，新規発行に係る株式に係る配当については，別途取扱いあり。

式等に係る配当」に該当するためには，配当を受け取る側の法人が，配当を支払う法人の株式の３分の１超を，配当の計算期間[3]の初日から末日まで継続して保有している必要があります（法令22の３①）。

⑶　本事例の場合

本事例の場合，配当の計算期間は，前回の配当の基準日の翌日であるX１年４月１日から，今回の配当の基準日であるX１年９月10日までとなります。

Ｐ社は配当の基準日であるX１年９月10日時点ではＳ社株式を100％保有していますが，配当の計算期間を通じて「完全支配関係を有している」あるいは「３分の１超の株式を保有している」わけではありません。このため，Ｐ社がＳ社から収受する配当は「その他株式に係る配当」として，その50％が益金不算入となります。

※なお，所得税額控除については別途取扱いがあります（研究９参照）。

本事例において，配当が資本剰余金を原資とするものであった場合には，P社が受け取る金額のうち，みなし配当部分の金額については[(注)]，「完全子法人株式等に係る配当」として取り扱われます。これは，完全子法人株式等の判定において，みなし配当については，支払効力発生日の前日に完全支配関係があるかによって判定することによります。

(注)資本剰余金を原資とする配当が行われた場合，その一部がみなし配当，残りが株式譲渡収入として取り扱われます。

※本事例では，株式移転前においてＳ社の株主は資本関係／縁戚関係のない複数の法人・個人であることを想定していますが，株式移転前においてＳ社の株主が１人（同族関係者を含む）であった場合（Ｓ社が他の者により完全支配されていた場合）等には，Ｓ社株式がＰ社にとって完全子法人株式に該当するケースがあります（法法22の２①カッコ書）。

３　【関連法人株式に係る計算期間】：「計算期間」とはその配当の直前の配当の支払基準日の翌日から，今回の配当の支払に係る基準日までの期間をいいます。ただし，関連法人株式の判定にあっては，前回の配当基準日が，今回の配当基準日の６か月前の日以前である場合には，当該６か月前の日の翌日とされます。このほか配当を支払う法人が新設法人である場合や，新規発行に係る株式に係る配当については，別途取扱いあり。

研究９

株式移転と受取配当ー補足

１．平成27年度税制改正前の取扱い

平成27年度税制改正前においては，株式移転完全親法人が，その株式移転完全子法人の発行済株式の25％以上を，その株式移転による法人設立の日から，最初の剰余金の配当の額の支払に係る効力が生ずる日まで引き続き保有している場合は，これを関係法人に該当するものとして取り扱うこととされていました（旧法令22の３①二）。しかしながら，平成27年税制改正後の関連法人株式等の判定においてはこうした特例は設けられていません。

２．適格合併等により株式を受け入れた場合の保有期間引き継ぎ

関連法人株式の判定に際しては，一定の適格組織再編成等(注1)により他の内国法人の発行済株式等の３分の１超の株式の移転を受けた場合には，「継続保有」の判定上，当該適格組織再編成の出し手側の法人(注2)における株式の保有期間を引き継ぐこととされています（法令22の３③）。しかしながら，この一定の適格組織再編成には適格株式移転は含まれていません。

（注１）　適格合併，適格分割，適格現物出資，適格現物分配，特別の法律に基づく承継。
（注２）　被合併法人，分割法人，現物出資法人，現物分配法人，被承継法人。

３．株式移転と所得税額控除

事例29にて解説した通り，株式移転後に，株式移転完全親法人が受け取る配当について，受取配当の益金不算入制度については，特段の特例的な措置は設けられていません。

一方，所得税額控除については，株式移転後の初回の配当については，配当の計算の基礎となった期間の初日から，株式移転完全親法人設立の日（=株式移転の日）の前日まで，その元本のすべてを保有していたものとみなす措置が設けられています（法令140の２）。

図表：所得税額控除における取扱い

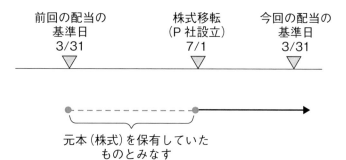

前回の配当の基準日 3/31 ▽ ／ 株式移転（P社設立） 7/1 ▽ ／ 今回の配当の基準日 3/31 ▽

元本（株式）を保有していたものとみなす

30　合併後の消費税納税義務と簡易課税

⇨ 合併が行われた場合，消費税の納税義務の判定と簡易課税の適用可否の判定では，判定に用いる基準年度課税売上高の計算方法が異なることに気づかなかった。

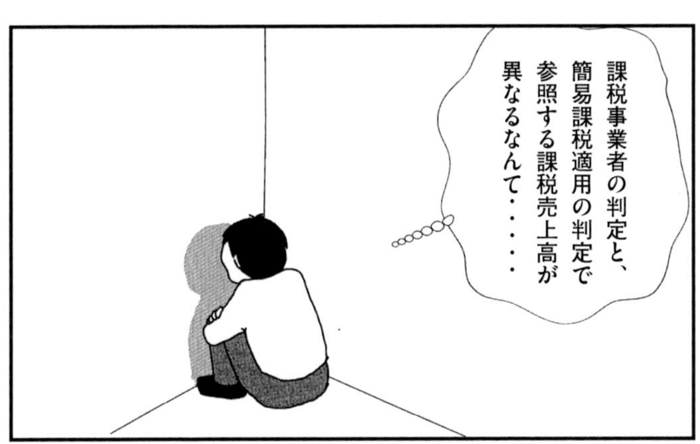

❶ 事　例

A社は，X3年4月1日にA社を合併法人，B社を被合併法人とする合併を実施した（A社・B社ともに3月決算法人）。

A社は合併前まで，消費税の免税事業者であった。

合併事業年度における消費税の納税義務の判定は，合併法人・被合併法人の基準期間（に対応する期間）における課税売上高のうち，いずれかが1,000万円を超えているか否かによって判定する。ここで，X2年3月期におけるA社の課税売上高は800万円，B社の課税売上高は2億円であったことから，X4年3月期においてA社は課税事業者に該当するものと判断した。

なお，A社（合併法人）は過去に消費税簡易課税制度選択届出書を提出しているが，B社（被合併法人）のX2年3月期の課税売上高が2億円であることから簡易課税の適用余地はないものと考え[1]，簡易課税不適用届出書の提出は行わず，原則課税の方式により消費税の申告・納税を行った。

図表１：取引図

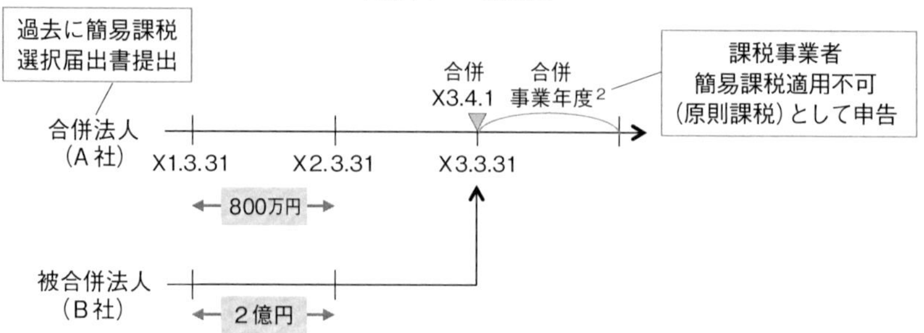

後日，税務調査の際に，合併事業年度における簡易課税制度の適用可否は，合併法人の基準期間の課税売上高のみで判定することから，Ａ社のＸ４年３月期は簡易課税の方法により申告すべき旨，指摘された。当該事業年度は原則課税の方が有利な状況であったため，多額の追加納税額が発生した[3]。

図表２：税務調査の後

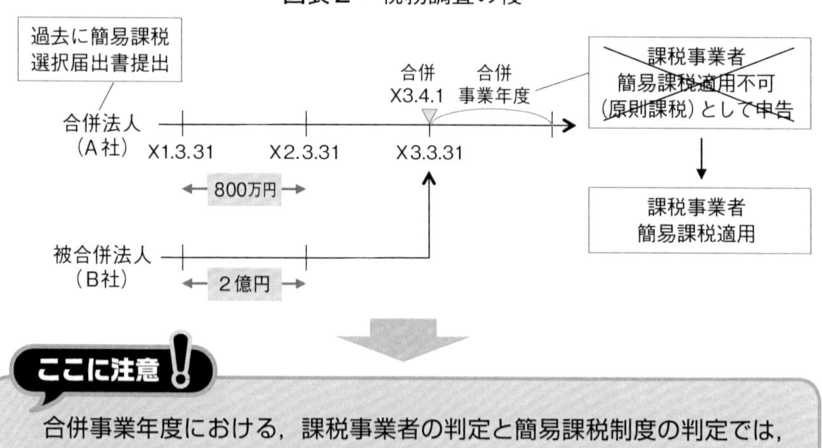

ここに注意！

合併事業年度における，課税事業者の判定と簡易課税制度の判定では，参照する「課税売上高」が異なる。

1　簡易課税を適用できるのは，基準期間の課税売上高が５千万円以下の場合（消法37）。
2　【合併事業年度】合併の日の属する合併法人の事業年度を指します（以下本事例において同じ）。
3　TAINSコード：Ｈ２６０５１５税賠事故例－０１　に類似例。

❷ 解 説

合併（吸収合併）が行われた場合において，合併法人の合併事業年度における消費税の納税義務の判定は，合併法人・被合併法人の基準期間（に対応する期間）における課税売上高のうち，いずれかが1,000万円を超えているか[4] 否かによって判定します。また，翌事業年度および翌々事業年度については，合併法人と被合併法人の課税売上高の合計にて判定を行います（消法11）。

ごく単純に考えた場合，簡易課税制度の適用の判定もこれと同じ数値を用いてもよさそうに思えますが，簡易課税制度の適用の判定については，「いずれか大」でも「合算」でもなく，基準期間における合併法人単体の課税売上高を用います（消法37）。

このため，納税義務の判定と簡易課税の判定では異なる課税売上高を用いる，というケースが生じます。

図表3：合併（吸収合併）と消費税納税義務・簡易課税制度の適用可否判定[5]

	合併事業年度	合併事業年度の翌事業年度・翌々事業年度
納税義務の判定（1千万円）	合併法人・被合併法人のいずれか大（注1）	合併法人・被合併法人の合算（注2）
簡易課税の判定（5千万円）	合併法人	合併法人

（注1） 合併があった日の属する事業年度の基準期間に対応する期間における被合併法人の課税売上高と合併法人の基準期間の課税売上高のいずれか（消法11①）。
（注2） 合併法人の基準期間の課税売上高と，これに対応する期間における被合併法人の課税売上高の合計額（消法11②）。

---

4 より正確には，合併事業年度の基準期間に対応する期間における課税売上高が1,000万円を超えるときは，当該合併があった日から合併事業年度終了の日までの期間について消費税納税義務が免除されない，という取扱いです（消法11①）。

5 特定期間（※）の課税売上高が1千万円を超える場合，新設法人に該当する場合，特定新規設立法人に該当する場合には，別途検討が必要となります。
（※）特定期間：原則としてその事業年度の前事業年度開始の日以後6か月の期間

研究10

分割が行われた場合の消費税の納税義務

事例30では合併が行われた場合の消費税の納税義務および簡易課税の適用可否について説明しました。実は，分割が行われた場合のこれらの取扱いは，新設分割と吸収分割で異なっており，さらに混乱しやすいものとなっています。

以下に，分割が行われた場合の消費税の納税義務・簡易課税制度の判定に関する取扱いを示します。

図表１：分割（新設分割）と消費税納税義務・簡易課税制度の適用可否判定

		分割事業年度	分割事業年度の翌事業年度	分割事業年度の翌々事業年度
分割承継法人	納税義務の判定（1千万円）	分割法人(注1)	分割法人(注1)	分割承継法人の株式の50％超を分割法人等(注2)が保有→分割承継法人＋分割法人(注3)
	簡易課税の判定（5千万円）			上記以外→ 分割承継法人
分割法人	納税義務の判定（1千万円）	分割法人	分割法人	分割承継法人の株式の50％超を分割法人等(注2)が保有→分割承継法人＋分割法人(注3)
	簡易課税の判定（5千万円）			上記以外→ 分割法人

（注１） 新設分割子法人（分割承継法人）の基準期間に対応する期間における分割法人の課税売上高（消法12①②，消令23①②）。

（注２） 分割法人およびその特殊関係者（消法12③④，消令24①）。

（注３） 分割承継法人の基準期間における課税売上高と，分割承継法人の基準期間に対応する期間における分割法人の課税売上高の合計額（消法12③④）。

図表２：分割（吸収分割）と消費税納税義務・簡易課税制度の適用可否判定

		分割事業年度	分割事業年度の翌事業年度	分割事業年度の翌々事業年度
分割承継法人	納税義務の判定（1千万円）	分割法人・分割承継法人いずれか大(注)	分割法人・分割承継法人いずれか大(注)	分割承継法人
	簡易課税の判定（5千万円）	分割承継法人	分割承継法人	分割承継法人
分割法人	納税義務の判定（1千万円）	分割法人	分割法人	分割法人
	簡易課税の判定（5千万円）	分割法人	分割法人	分割法人

（注）　分割承継法人の基準期間における課税売上高と，分割承継法人の基準期間に対応する期間における分割法人の課税売上高のいずれか大（消法12⑤⑥）。

新設分割をすると，分割承継法人は，
翌々事業年度以降，グループ内にとどまる限り，
消費税納税義務・簡易課税の判定上，
分割法人の課税売上高を合算し続けなくては
ならないってことですね。

そうなんです。要件を満たす限り，
親（分割法人）の方でも合算が必要です。
合算の終了期限が設けられていない(注)
のは，ちょっとやっかいですよね。

（注）　条文上は，「当該事業年度開始の日の１年前の日の前々日以前に分割等があった場合」という文言が用いられている（消法12③）。

31 議決権が消える!?

⇨ 株式の時価（所得税法）の算定に際して，株式の相互保有による議決権の停止を加味しなかった。

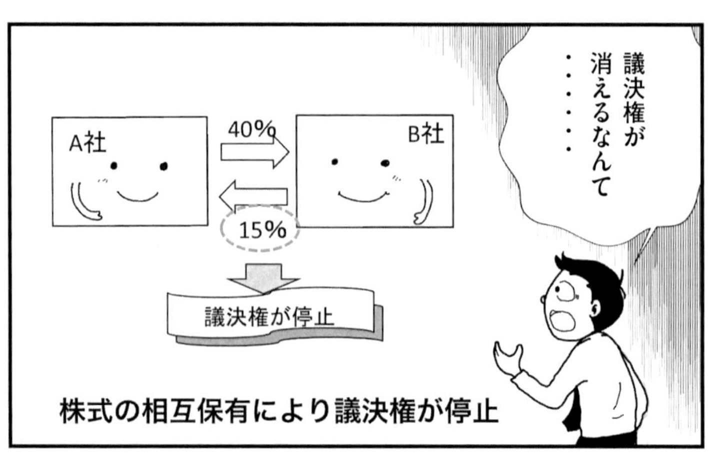

❶ 事　例

P社（※）はその資本政策上の理由から，株主である甲氏（役員ではない）から自社株の買い取りを行うこととした。買取価額は所得税基本通達59-6に定める価額とした。これによれば，株主やその同族関係者が有する議決権の割合等によって，株式の評価方法が異なる（後述❷図表3参照）ところ，P社は以下のように判断，配当還元方式（特例的評価方式）による評価額100にて買い取ることとした。なお，原則的評価方式による評価額は300である。

※P社は開業前または休業中の会社，清算中の会社には該当しない。

〈Ｐ社の判断〉

- 甲氏，甲の弟，甲の妹，甲のいとこで合計して議決権の55％を有しているから，これらはＰ社の同族株主に該当する。
- 甲のいとこが単独で議決権を41.5％保有しているから，いとこは中心的な同族株主に該当する。一方，甲氏と弟，妹の有する議決権の合計は議決権総数の13.5％であることから，甲氏は中心的同族株主に該当しない。
- 甲氏は中心的同族株主に該当しない同族株主で，株式保有割合が５％未満であるから，株式の評価方式は特例的評価方式である配当還元方式による。

Ｐ社を中心とする資本関係とＰ社株主一覧は下記の通り。

図表１：Ｐ社資本関係図

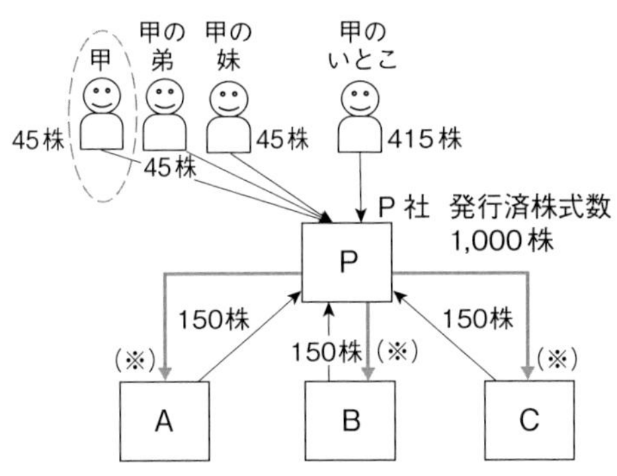

※Ｐ社はＡ社，Ｂ社，Ｃ社の株式をそれぞれ40％保有。

図表２：Ｐ社株主一覧

	保有株式数	株式保有割合
甲	45	4.5％
甲の弟	45	4.5％
甲の妹	45	4.5％
甲のいとこ	415	41.5％
Ａ社	150	15.0％
Ｂ社	150	15.0％
Ｃ社	150	15.0％
合計	1,000	100.0％

※Ｐ社の株式は普通株式のみ。

その後，売買の直前になって，Ｐ社株式のうちＡ社・Ｂ社・Ｃ社が保有する分については議決権が停止しており，総議決権数は550個であることが判明した。これによれば，甲氏が有するＰ社の議決権の割合は8.1％となり，５％以上であることから，配当還元方式の適用はできない（原則的評価方式による）こととなった。

種類株式を発行しておらずとも，株式の数と議決権数が異なることがある。

❷ 解　説

(1) 個人株主からの自社株買い取りとみなし譲渡

会社が個人株主から自社株式を買い取る際に，譲渡対価の額が時価の２分の１未満である場合，所得税法上は時価にて譲渡があったものとみなして，個人の譲渡所得の計算を行います（所法59①二，所令169）。

ここにおける「時価」については，所得税基本通達59－6に定めがあり，非上場株式で最近における適正な売買実例がない場合，財産評価基本通達[1]に一定の修正を加えた方法により計算する旨を規定しています。

株式の譲渡直前において，株主が中心的同族以外の同族株主で，かつ，その保有する議決権の数がその会社の議決権総数の５％未満である場合（当該株主がその会社の役員である場合を除く）には，その株式については，特例的評価方法（配当還元方式）により評価することとされています（図表３参照）。

図表３：同族株主(注1)のいる一般の評価会社(注2)における株主の態様による評価方法

<table>
<tr><th colspan="4">株主の態様による区分</th><th>評価方法</th></tr>
<tr><td rowspan="5">同族株主グループに属する株主</td><td colspan="3">譲渡直前における議決権割合が５％以上の株主</td><td rowspan="4">原則的評価方法</td></tr>
<tr><td rowspan="4">譲渡直前における議決権割合５％未満の株主</td><td colspan="2">中心的な同族株主(注3)がいない場合の株主</td></tr>
<tr><td rowspan="3">中心的な同族株主がいる場合</td><td>中心的な同族株主グループに属する株主</td></tr>
<tr><td>役員である株主</td></tr>
<tr><td>その他の株主</td><td rowspan="2">特例的評価方法</td></tr>
<tr><td colspan="4">同族株主以外の株主</td></tr>
</table>

（注１）　同族株主とは課税時期における評価会社の株主のうち，株主の１人およびその同族関係者の有する議決権の合計数がその会社の議決権総数の30％以上（その評価会社の株主のうち株主の１人およびその同族関係者の有する議決権の最も多いグループの所有する議決権の合計数が50％超である会社にあっては50％超）である場合におけるその株主およびその同族関係者をいう。

（注２）　特定の評価会社（比準要素１の会社，株式保有特定会社，土地保有特定会社，開業後３年未満の会社，開業前・休業中の会社，清算中の会社）以外の会社。

（注３）　中心的な同族株主とは，課税時期において同族株主の１人並びにその株主の配偶者，

1　財産評価基本通達 178 ～189 -7

直系血族，兄弟姉妹および一親等の姻族（これらの者の同族関係者である会社のうちこれらの者が有する議決権の合計数がその会社の議決権総数の25%以上である会社を含む）の有する議決権の合計数がその会社の議決権総数の25%以上である場合におけるその株主をいう。

(2)　株主の態様の判定と相互持合いによる議決権の停止

株式の評価方法のうち，原則的評価方法と特例的評価方法いずれを適用するか（図表3のどこの区分に入るか）の判定に際しては，主に議決権割合を用います。

議決権割合と株式保有割合（保有株式数/発行済株式数（自己株式を除く））は，種類株式を発行していない法人にあっては，通常，同一の割合となりますが，そうならないケースもあります。

その典型例が，株式の相互保有による議決権の停止です。会社法上，その会社の株式を25%以上保有する株主については，株式の議決権が停止します（会社法308）。例を用いて説明すると，図表4のような相互保有の関係がある場合，X社がY社の株式を25%以上保有していることから，Y社が保有するX社の株式（5%保有）に係る議決権が停止するということです。

図表4：議決権停止の例

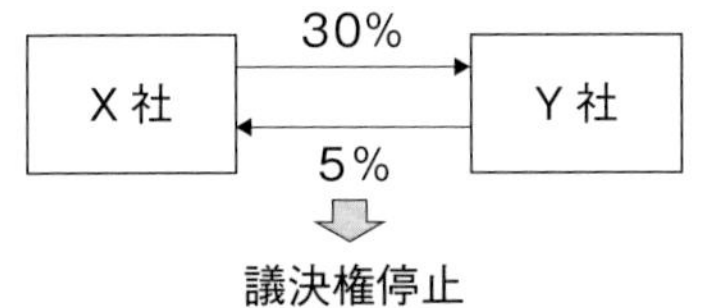

本事例においては，P社はA，B，C社の株式をそれぞれ40%保有していることから，会社法上，A，B，C社が保有するP社株式に係る議決権（150個×3＝450個）はないものとして取り扱われます。

したがって，甲氏が保有するP社株式の議決権の割合は8.1%（45株/(1,000－450）と，5%以上になります。このため，甲氏にとってのP社株式の時価の算定は原則的評価方式（300）によることになります。

甲氏からP社への株式の売却が配当還元価額（100円）にて行われた場合，個人から法人に対して時価300円の2分の1未満で譲渡が行われたことになりますから，みなし譲渡の規定が適用され，時価300で譲渡がなされたものとして，甲氏の譲渡所得を計算することとなります。

ヒヤリハット類似例 9

単元未満株に係る議決権

事例31では株式の相互保有による議決権の停止の例を示しました。

議決権割合の判定に際して，うっかり見落としがちなもうひとつの例として，会社が単元株制度を導入しているケースが挙げられます(注)。

通常，株主は株式1株について1個の議決権を有しますが，その会社が単元株式数を定款で定めている場合には，株主は一単元の株式につき1個の議決権を有することになります（会社法308）。換言すれば，単元未満株には議決権が付されないわけです。

この結果，株式保有割合と議決権保有割合には，ズレが生じることとなります（下図）。

■単元制度を導入している場合における，株式保有割合と議決権割合の相違の例

1単元＝100株とする

	保有株式数	株式保有割合	議決権数	議決権割合
甲	1,425	47.50%	14	51.85%
乙	1,080	36.00%	10	37.04%
丙	260	8.67%	2	7.41%
丁	165	5.50%	1	3.70%
戊	70	2.33%	0	0.00%
計	3,000	100.00%	27	100.00%

株式保有割合は50％以下，議決権割合は50%超

株式保有割合は5％以上，議決権割合は5％未満

単元株制度を導入している法人について，議決権割合にて判定すべき項目を株式保有割合で判定すると，結果がひっくり返ってしまうことがあるので要注意です。

（注）　議決権が停止する例としては，①相互保有株式，②単元未満株式，③自己株式があります。自己株式については，法人税法上，発行済株式数の（分母）から除外されることが多い（つまり株式数ベースと議決権ベースで取扱いが同じとなることが多い）ので，ここではヒヤリハット類似例としては挙げておりません（分母から除外されないケースもあります）。

32　税制改正のチェックもれ

⇨ 論点となるポイントにつき，税制改正により変更が加えられていたことに気づかなかった。

❶ 解　説

組織再編税制の適用関係を，書籍の解説をたよりに検討していると，うっかりひっかかってしまうのが「税制改正の罠」です。

組織再編税制については，ほぼ毎年，大なり小なりの改正が行われています

(図表1参照)。

したがって，去年発行された書籍に書いてあることが，現在施行されている税法の内容を反映しているとは限りません。

そうはいっても，複雑な組織再編税制を理解する際に，書籍が非常に役立つということも，疑いのない事実です。

そこで，書籍の解説を上手に利用しつつ，都度条文を確認していく，というのが望ましいと思われます。

図表1：最近の組織再編税制の改正

年　度	組織再編税制に関する主な改正
平成28年度	適格現物出資の範囲見直し（外国法人PE関係），共同事業要件における役員継続要件見直し（株式移転・交換）
平成29年度	スピンオフ税制の創設，スクイーズアウト税制の整備，金銭交付等不交付要件の見直し
平成30年度	従業者引継要件・事業継続要件の見直し，無対価組織再編成の適格類型の見直し，無対価の非適格合併等に係る資産調整勘定等の計算の整備
令和元年度	三角合併等の対価要件の見直し，株式交換等後に逆さ合併を行うことが見込まれている場合の株式保有関係に係る要件等の見直し
令和2年度	連結納税制度を見直し，グループ通算制度に移行（※）

※連結納税制度・グループ通算制度そのものは，いわゆる「組織再編税制」ではありませんが，組織再編成を行う際に考慮が必要な項目であるため，記載しています。

33　誰がやるの？　担当業務のミス・コミュニケーション

⇨ 組織再編成に伴い必要となる手続きについて，関係者全員「自分の担当ではない」を思い込んでいた結果，その手続きが期限内に行われなかった。

❶ 事　例

A社はX社の買収を計画しており，この買収の実務はA社の経営企画部から請け負ったBコンサルティング会社が，各種専門家の協力を得ながら行っている。

本件買収は，SPCを用いて行うこととし，買収のスキームに関してはC税理士法人の助言を得ている。また，SPCの設立後の記帳についてはD税理士に依頼することとしている。

初回のミーティングで，SPCの設立の各種手続きはBコンサルティング会社が弁護士E等に依頼して行うことが確認された。

第２回目のミーティングで，SPCの設立手続きが終了したことが報告された。その際，税務届出が，青色申告の届出を含めて，一切提出されていないことが判明した。このため，SPCは初年度につき白色申告を行うこととなった（第２回目のミーティングの時点で，すでに青色申告届出期限を[1]途過していた）。この結果，初年度に生ずる欠損金について，繰越しができないこととなった。

❷ 解　説

笑い話のようですが，事態としては深刻です。

規模の大きい買収となると，いろいろな会社/ヒトが関係してきます。そうなると，誰がどの業務を行うのかをはっきりさせないと，誰もが「自分の仕事ではない」と考えてしまう「お見合い」現象が発生してしまいます。

もちろん，このような「お見合い」が発生しないように，コントローラーが業務をさばくのが本来の姿だとは思います。しかしながら，専門家としても，「これどうなってるの？」と感じたら，コントローラーに確認していくことが大切と思われます。

1　設立第１期目の青色申告の届出期限は，設立の日以後３月を経過した日と当該事業年度終了の日とのうちいずれか早い日の前日までとなります（法法122）。

34 聞いてない！　事実の確認もれ

⇨ 事実関係の確認もれにより，必ずしも有利ではないストラクチャーが組まれてしまった。

❶ 事　例

グループ内組織再編成に係る税務アドバイスの依頼を受けた税理士甲は，入手した対象会社の直近期の申告書が単体納税の申告書であったため，対象会社が単体納税の法人であるとの前提で組織再編成のストラクチャーを組んだ。その後，実は，対象会社は連結納税開始の届出を提出しており，進行期からは連結納税を行うということが判明した。これにより，当初組んだストラクチャーを大幅に変更する必要が生じた。

❷ 解　説

組織再編税務において，意外と怖いのが，この「事実確認ミス」「確認もれ」です。関係者が多いと，特にこの事実誤認は発生しやすいように思えます。

いくつかその例を挙げてみます。

〈事実確認ミスの例〉

- 単体納税と思い込んでいたが，連結納税／グループ通算制度を採用していた
- 株主は法人かと思い込んでいたところ，任意組合であった
- 株式会社と思い込んでいたところ，合同会社だった
- 株式会社と思い込んでいたところ，一般社団法人だった
- 外国人なので非居住者と思い込んでいたら，居住者だった
- 日本の名前なので日本人と思っていたら，外国籍だった
- 普通株式のみと思っていたら種類株式を発行していた
- 実はストックオプションを発行していた
- 株主関係図で祖父と孫の関係にある者が実は養子縁組を組んでいた
- 単発の再編であると思っていたら，二次再編があった
- 完全支配関係者間の資産の譲渡に際し，簿価が１千万円以上であると思い込んでいたところ，実は簿価１千万円未満だった（損益繰り延べの対象外）
- 有対価の組織再編成であると思い込んでいたら無対価だった

口頭で確認したつもりであっても，念のためメール等で確認することが望ましいでしょう。

35 再編の「ちょっとした」変更

⇨ 税理士が組織再編成のストラクチャーにつきアドバイスをした後，実行に際して，「ちょっとした」変更が加えられた結果，予想外の税金が発生してしまった。

❶ 事　例

P社はその100%子会社S1社の事業の一部を第三者であるX社に売却することを検討するために，税理士甲に相談した。

税理士甲は，S1社の事業のうち，X社に移転しない事業を分割型分割の方法によりS2社に切り出した上で，S1社の株式をX社に売却する方法を提案した（S2社は分割前にP社が設立）。

図表１：当初の組織再編案

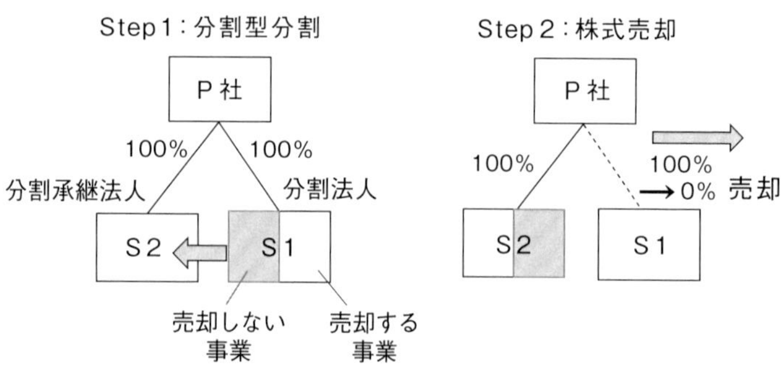

P社はその提案に納得し，分割を進めることとした。分割の実行にあたっての各種業務はP社の特別チームが中心となって行い，税理士甲は分割の実行については特段関与しなかった。

その後，別件で税理士甲がP社を訪問した際，税理士甲が提案したスキームについて，変更が行われた上で実行されたことが明らかになった。具体的には，X社に移転する事業をS2社に切り出した上で，S2社株式を売却していた（分割承継法人株式を売却）。

税理士甲は，この方法によると，支配継続要件を満たさないため，当該分割型分割は非適格分割に該当する旨をP社に告げた。

図表２：実行されたスキーム

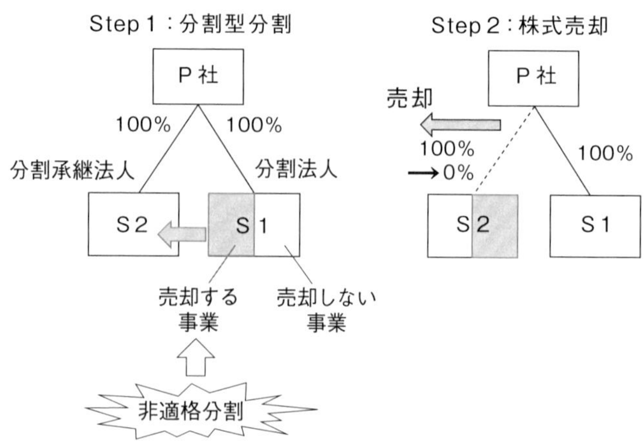

❷ 解　説

同一者による支配関係がある法人を分割法人・分割承継法人とする分割における適格要件のひとつに「支配継続要件」があります。この支配継続要件について，従前は，同一者による支配関係が，分割法人・分割承継法人，両法人に対して継続することが求められていました。しかしながら，平成30年度税制改正後は，分割後における支配の継続は，分割承継法人に対してのみ継続すれば足りることになり，分割法人に対する支配の継続は要件とされないこととなりました（法令4の3⑥二）。

上記事例における「当初の組織再編案」では，売却しない事業の方が，分割承継法人に対して切り出されており，同一者（P社）と分割承継法人（S2社）との支配関係は，分割後も継続しています。

一方，実行されたスキームでは，分割法人と分割承継法人が逆になっており，この結果，同一者（P社）と分割承継法人（S2社）と間の支配関係は継続しません。事業の切り出しと，株式の売却はセットの取引と考えられることから，分割時点において，支配の継続は見込まれていなかったものとして，この分割型分割は，支配継続要件を満たさない，非適格分割に該当することとなります。

組織再編の当事者を逆にする，あるいは組織再編成の順番を逆にする（同日付），といったことは，ビジネスの観点から見れば「ちょっとした変更」かもしれません。しかしながら，そういった変更が，税務では致命的になることがあります。税務担当者としては，実行チームの方に，この点をよく理解していただいて，コミュニケーションをとっていく必要があります。

参考6

「ちょっとした変更」が税務上は大きなインパクトを生じさせる例

- 分割法人，分割承継法人の入れ替え
- 合併法人，被合併法人の入れ替え
- 多段階再編における，再編の順番の入れ替え（特に同日再編）
- （100％グループ内での）対価あり・無対価の変更
- 組織再編成の期日の変更
- 当初予定していた再編の後に，追加して再編・資本取引等を行う
- 役員の変更　　　　　　　　　等々…

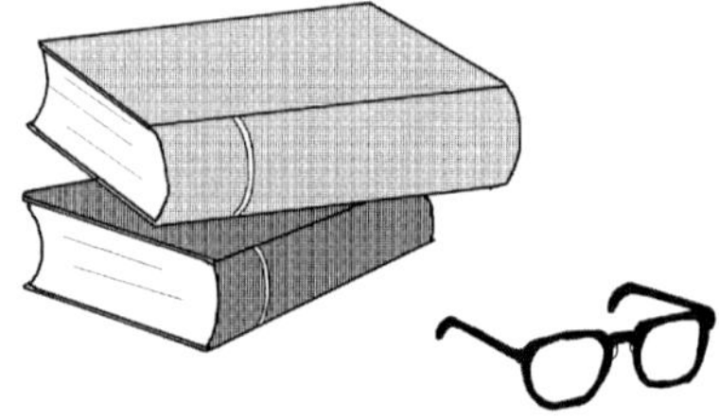

§ 5

意外とコワイ！勘違いリスク・ワード

組織再編税務の実務において「ヒヤリハット」を生じさせる一因として，「ミス・コミュニケーション」があります。このうち，意外と多いのが，「用語の勘違い」です※。

税務で用いられる用語の中には，その意味するところが一般的な感覚や，会計上のニュアンスとは異なるものがあります。このため，よくよく気を付けないと，税務担当者と資料を提供する側との間でミス・コミュニケーションが生じやすいのです。

誤解そのものは笑い話にでもなりそうな内容であっても，その結果もたらされる税務上の影響は，時として，非常に深刻なものとなります。

そこで，本セクションでは，特に気を付けたい「勘違いリスク・ワード」について，紹介します。

※「（用語の）勘違い」以外のミス・コミュニケーションの例として，「業務の割り振りにおけるミス・コミュニケーション」や「事実の確認もれ」などがあります。これらについては事例33～35に記載しましたのでこちらをご参照ください。

用語の勘違い 1 「持株割合」 株式数ベースVS議決権ベース

❶ 事 例

適格合併（支配関係者間の適格合併）の支配関係の判定において…

今回，御社を合併法人，A社を被合併法人とする吸収合併を計画しているわけですよね。
御社のA社に対する持株割合はどれくらいになりますか？
株式数ベースの持株割合を意図している
議決権割合を意図している
49%です。残りの51%はX社が保有しています。
実は当社はA社株式の優先株式（無議決権）を保有しており，発行済株式数ベース（※）での株式保有割合は55%（＝支配関係あり）
49%ですと，支配関係者間の適格合併には該当し得ませんね。共同事業による適格要件を満たすか検討しましょう。
※ 保有株式数
発行済株式総数
（自己株式を除く）

❷ 解 説

一般に，自社が保有している株式が全体に占める割合をもって，「持株割合」と呼ぶわけですが，その使用者/使用場面によって，その意味する算式が異なることがあります。

「持株割合」が意味し得る算式

①	保有株式数/発行済株式総数
②	保有株式数/発行済株式総数（自己株式を除く）
③	保有議決権数/議決権総数
④	保有する議決権のある株式数/議決権のある株式の総数

法人税法上は，②の算式を用いるシーンが多いため，税務担当者が「持株割合」という場合，②の算式を意味していることが多いようです。

②の算式を用いる例

項　目	根拠条文
「支配関係」の定義	法法２十二の七の五
受取配当益金不算入の株式区分「関連法人株式」「非支配目的株式」	法令22の３，法令22の３の２
外国子会社からの受取配当益金不算入制度における「外国子会社」	法令22の４①一（注１）
同族関係者の判定における「他の会社を支配している場合」	法令４③一（注２）
過小資本対策税制における「国外支配株主等」	措法66の５⑤
過大利子損金不算入制度における「関連者等」	措法66の５の２②四
タックスヘイブン対策税制における「外国関係会社」	措法66の６②一イ（注３）
事業税資本割の持株会社特例における「特定子会社」	地法72の21⑥

（注１）　議決権ベースの判定もある（法令22の４①二）。
（注２）　議決権ベースの判定もある（法令４③二）。
（注３）　議決権ベースの判定もある（措法66の６②一イ）。

一方，会計や法務をバックグラウンドとする人においては，「持株割合」という用語から③の算式をイメージする方が少なくないようです。これは会計の連結子会社の判定や，株主総会の決議といった場面では，議決権割合が重要となってくるためと思われます。

①～④の割合が同一であれば，特段問題は生じないのですが，異なる場合には，特定の数字がどちらの割合を意味しているのかを取り違えると，税務処理を誤ってしまうことになります。①～④の割合が異なるケースとしては以下があります。

〈上記①～④の割合が異なるケース〉

- 発行法人が自己株式を有している
- 無議決権株式（配当優先株式など）が発行されている
- 株式の相互保有による議決権の停止がある
- 単元株制度を導入している

「持株割合」「株式保有比率」という用語が出てきたら，相手が上記①～④のどの比率を意図しているのか，確認することが望ましいでしょう。

用語の勘違い２　帳簿価額（簿価）　税務簿価 VS 会計簿価

❶ 事　例

グループ法人税制の適用に関するメールのやりとりにて…

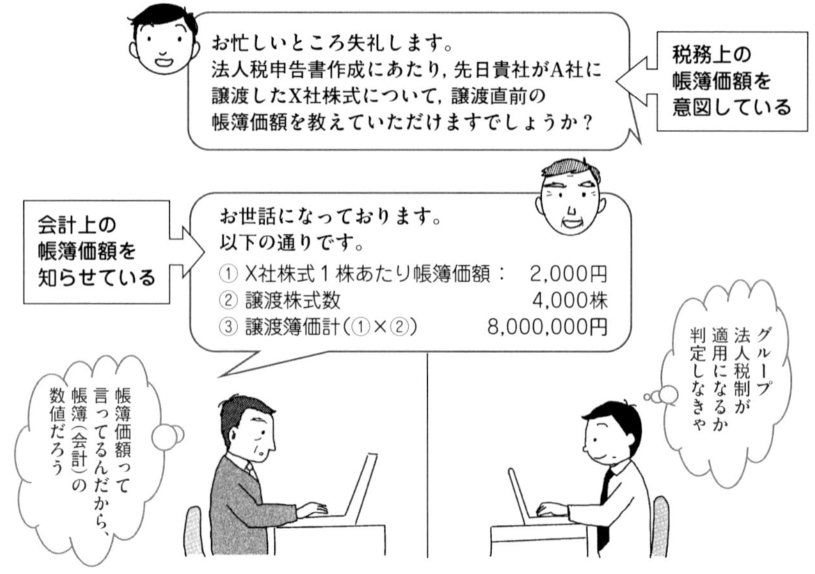

お忙しいところ失礼します。
法人税申告書作成にあたり，先日貴社がA社に
譲渡したX社株式について，譲渡直前の
帳簿価額を教えていただけますでしょうか？
税務上の
帳簿価額を
意図している
会計上の
帳簿価額を
知らせている
お世話になっております。
以下の通りです。
① X社株式１株あたり帳簿価額：　2,000円
② 譲渡株式数　4,000株
③ 譲渡簿価計（①×②）　8,000,000円
グループ法人税制が適用になるか判定しなきゃ
帳簿価額って言ってるんだから、帳簿（会計）の数値だろう

グループ法人税制の適用上，譲渡直前の帳簿価額（税務上の帳簿価額）が1,000万円未満の資産は，譲渡損益調整資産に該当しない（法令122の14）。

❷ 解　説

「帳簿価額」あるいは「簿価」も，ミス・コミュニケーションが生じやすい用語のひとつです。

法人税法上，単に「帳簿価額」とある場合，これは税務上の簿価を指します[1]。

1　会計上の簿価を示す場合には，「貸借対照表上に計上されている資産の帳簿価」といった表現が用いられます。

したがって，例えば「帳簿価額が千万円に満たない資産」とあれば，これは税務上の帳簿価額が1,000万円未満の資産を指します。

しかしながら一般的には，単に「帳簿価額」と言えば，会計帳簿の価額のことと考える人が多いでしょう。

この結果，上記マンガのやりとりのように，一方が税務上の帳簿価額を意図して「帳簿価額」と発言しているのに，もう一方は会計上の帳簿価額のこととして捉えてしまう，といったことが生じます。

帳簿価額についてやりとりをする場合には，それが税務上の簿価なのか，会計上の簿価なのか，はっきりと伝えることが重要です。

組織再編成に関する計算等において税務上の「帳簿価額」を使用する例（注1）（注2）

計算内容	法　令
分割型分割における分割移転割合の計算	法令8①十五イロ
適格株式交換における株式交換完全子法人株式の取得価額の計算	法令119①十イロ
非適格分割型分割におけるみなし配当の計算における株式（出資）に対応する部分の金額の計算	法令23①二イロ
受取配当益金不算入制度における控除負債利子の計算（分子）	法令22①二（注2）（注3）
特定資産譲渡等損失の損金算入制限における特定資産から除外される資産	法令123の8③
グループ法人税制の譲渡損益調整資産	法令122の14①三
連結納税加入（開始）における時価評価対象外資産	法令122の12①四，五
事業税資本割持株会社特例の計算（分子）	地法72の21⑥二（注2）

（注1）　これらは一例であり，この他にも多くの場面で「帳簿価額」が使用される。

（注2）　会計上の帳簿価額を使用する例としては，受取配当益金不算入制度における株式等の係る負債利子の計算（分母）（法令22①一），事業税資本割の持株会社特例の計算（分母）（地法72の21⑥一）がある。これらは，分子は税務簿価（上表参照），分母は会計簿価を使用することとなるため，特に注意が必要と思われる。

（注3）　令和4年4月1日以後に開始する事業年度においては，控除負債利子計算方式が変更となる見込（令和2年税制改正大綱94頁）。

用語の勘違い3　役　員

❶ 事　例

分割の適格要件（共同事業）のうち，役員要件の充足状況の確認において…

A社(分割法人)の役員で，B社(分割承継法人)の役員に就任することが見込まれる方はいらっしゃいますか？
会社法上の取締役を意図して「役員」と言っている

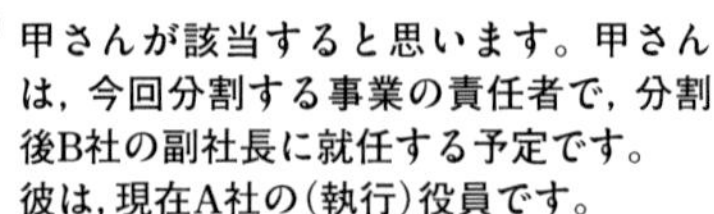

執行役員のことを「役員」と言っている
甲さんが該当すると思います。甲さんは，今回分割する事業の責任者で，分割後B社の副社長に就任する予定です。彼は，現在A社の(執行)役員です。

B社側の社長は，分割後も継続して社長を務めるということでしたよね。そうであれば，共同事業要件のうち役員要件は満たすことになりますね。

【参考】共同事業による適格分割の要件のうち，経営参画要件（役員要件）：当該分割前の当該分割法人の役員等のいずれかと当該分割承継法人の特定役員のいずれかとが，当該分割後に当該分割承継法人の特定役員となることが見込まれていること（法令４の３⑧二）。

❷ 解　説

法人税法上「役員」とは，法人の取締役，執行役，会計参与，監査役，理事，監事及び清算人のほか，これら以外の者で法人の経営に従事している者のうち一定の者を指します（法法２十五）。

一方，「執行役員」とは，取締役によって決定された重要事項を実行する役職で，その立場は通常，従業員となります。したがって，「みなし役員」に該当する場合[1]を除いて，法人税法上の役員には該当しません。

一般的な会話においては，取締役と執行役員をまとめて「役員」と表現することがあるため，両者の混同が生じやすいようです。また，「執行役[2]」と「執行役員」も名称の類似性から混同が生じる傾向にあります。

共同事業による適格組織再編成の役員要件（前頁❶事例右下【参考】参照）[3]の判定に際しては，口頭で確認した場合でも，最終的には登記簿を入手して確認することをお勧めします。

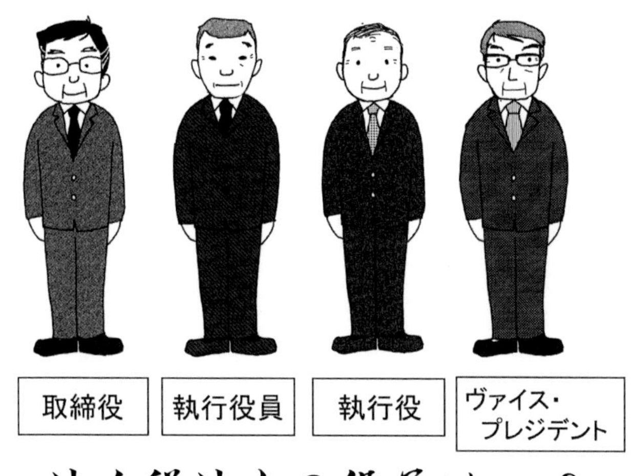

1　「みなし役員」に該当するのは，取締役，執行役，会計参与，監査役，理事，監事および清算人以外の者で，以下のいずれかに該当する者です（法令7）。
　一　法人の使用人（職制上使用人としての地位のみを有する者に限る）以外の者でその法人の経営に従事しているもの
　二　同族会社の使用人（職制上使用人としての地位のみを有する者に限る）のうち，同族会社の一定の上位株主グループに属し，かつ，本人および本人の属する株主グループが一定以上の割合の株式を有している場合で，その法人の経営に従事しているもの

2　執行役は委員会設置会社における業務執行機関で，法人税法上の役員に該当します。

3　共同事業要件における「役員等」とは，「役員及び法人税法施行令第４項第２号に規定するこれらに準ずる者で法人の経営に従事している者をいう」とされています（法令４の３⑧二）。「これらに準ずる者」とは，役員または役員以外の者で，社長，副社長，代表取締役，代表執行役，専務取締役または常務取締役と同等に法人の経営の中枢に参画している者をいうこととされています（法基通1-4-7）。

用語の勘違い 4　資本金等の額

❶ 事　例

自己株式取得に係るみなし配当の計算において…

お世話になります。
今回の自己株式の取得にあたって，みなし配当の金額がどれくらいになるのか，試算していただけますか？

承知しました。以下の数値を教えていただけますでしょうか？
(i)　発行済株式数
(ii)　現在保有している自己株式数
(iii)　取得予定の自己株式数
(iv)　１株当たりの買い取り価額
(v)　資本金等の額

法人税法上の資本金等の額を意図している

ご連絡ありがとうございます。以下記載しました。
(i)　発行済株式数：　400,000株
(ii)　現在保有している自己株式数：　なし
(iii)　取得予定の自己株式数：　2,500株
(iv)　１株当たりの買い取り価額：　1,200円
(v)　資本金等の額：　237,500,000円

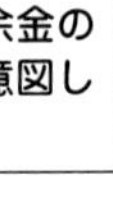

会計上の資本金と資本剰余金の合計額を意図している

❷ 解　説

「資本金等の額」も，ミス・コミュニケーションが生じやすい用語のひとつです。

M&A 税務に携わる人間からすると，「資本金等の額」は法人税法上の概念

であり（法法２十六），法人税申告書別表五（一）の「Ⅱ資本金等の額の計算に関する明細書」に記載された残高を意味します[1]。したがって，「資本金等の額」を示すのに，わざわざ「税務上の」といった断り書きを入れないことが多いようです。

一方で，税務の専門家ではない方は，「資本金等の額」と聞いて，「資本金＋等（資本金に似ているもの）」なのだから，資本金と資本剰余金の合計額として捉えることもあるようです。

「資本金等の額」と「資本金と資本剰余金の合計額」が一致するケースもありますが，組織再編成や自己株式取得などを行うと両者に差異が生じることが多く，かつ，その差異は基本的に消滅しないので，上場企業や組織再編成を繰り返している企業にあっては，両者が一致しないケースがほとんどです。

このため，法人税法上の資本金等の額を使用すべき場面で「資本金＋資本剰余金」を使用すると，計算結果に非違が生じてしまいます（上記の事例では，みなし配当金額の計算非違→源泉徴収すべき税額の非違）。

このようなミス・コミュニケーションを避けるためには，専門家が資本金等の額を確認する際には，裏付けとして，別表五（一）「利益積立金額及び資本金等の額に関する明細書」を入手することが望ましいでしょう。

なお，自己株式取得に係るみなし配当の計算に際しては，併せて種類株式の存在の確認も必要となる点，ご注意ください（事例27参照）。

1　前事業年度終了後に資本金等の額の変動があった場合を除きます。

用語の勘違い５　欠損（金）

❶ 事　例

青色欠損金の残高の確認に際して…

❷ 解　説

税務に携わる人間からすると「欠損金」と言えば，青色欠損金，具体的には直近期の法人税申告書別表七（「欠損金又は災害損失金の損金算入等に関する明細書」）に記載された残高を指すものと思い込みがちですが，税務以外を専門とする方にあっては，「欠損（金）」という用語から，会計上の繰越損失（マイナスの繰越利益剰余金）を思い浮かべることがあるようです。

両者の差異が大きくない場合には，これらを取り違えてもそれほど大事には至りませんが，両者の差異が大きい場合には，その取り違えが致命的なミスにつながりかねません。法人税法上の青色欠損金と会計上の繰越損失が大きく乖離するケースとしては以下が挙げられます。

〈法人税法上の青色欠損金と会計上の繰越損失が大きく乖離する原因〉

(i)　大きな申告調整項目がある
(ii)　過去に欠損金の期限切れが生じている
(iii)　過去に組織再編成を行っている
(iv)　連結納税[1]を採用している（採用していた）
(v)　過去に会計上，欠損填補※を行っている

※【欠損填補】その他資本剰余金を利益剰余金に振り替えて，利益剰余金のマイナスを填補すること。

実務上頭を悩ませるのは(ii)のケースです。債務超過で会社は瀕死の状態なのに税務上使える欠損金がない（あるいは少ない），という状態です[2]。会社の側には経営が苦しいのだから税金などかかるわけない，という思い込みがあり，債務免除を受けたら課税が生じてしまった，といったことが発生します。

青色欠損金の残高が，再編手法の選択に対しての重要な要素となる場合には，法人税申告書別表七を入手して，残高を確認することが望ましいと思われます。

1　令和4年4月1日以後開始事業年度にあっては，「連結納税制度／グループ通算制度を採用していた / 採用している」。

2　法人税法第59条（会社更生等による債務免除等があった場合の欠損金の損金算入）を適用できる場合を除きます。

勘違いリスク・ワード一覧

セクション5（用語の勘違い1～5）では，用語の勘違いにより生ずる典型的なミス・コミュニケーションを挙げました。

以下には，誤解が生じやすいリスク・ワードの例を，これらも含めて，列挙しておきます。

◆勘違いリスク・ワード集

用　語		勘違いの例
簿価	A	会計上の帳簿価額を指している
	B	税務上の帳簿価額を指している
資本金等の額	A	会計上の資本金・資本剰余金の額（の合計額）を指している
	B	税務上の資本金等の額を指している
外国子会社	A	会計上の連結子会社のうち，外国法人を指している
	B	外国子会社の受取配当益金不算入措置の対象となる外国法人（株式を25%以上保有）を指している
連結子法人（連結子会社）	A	会計上の連結子会社を指している
	B	連結納税制度における，連結子法人を指している
株式保有割合	A	議決権ベースでの株式保有割合を指している
	B	発行済株式ベースでの株式保有割合を指している
発行済株式数	A	発行済株式数を指している
	B	会社が保有する自己株式数を除外したところでの発行済株式数を指している
役員	A	執行役員も含めて「役員」と言っている
	B	取締役・監査役のみを指している
当期	A	現在決算を組んでいる／法人税申告書を作成している事業年度を指している
	B	現在進行している事業年度を指している

支配関係	A	コントロールしている関係（実質的に支配をしている関係）を指している
	B	法人税法上の「支配関係」（株式を50%超保有する連鎖関係）を指している
有価証券	A	株式，投資信託を指している
	B	法人税法第２条二十一号に定める有価証券（国債，社債や合同会社の出資持分などを含む）を指している
倒産	A	破産・会社更生法・民事再生法の手続きの開始を指している
	B	破産結了を指している
当期の税額	A	法人税の税額を指している
	B	法人税・住民税・事業税を合計した税額を指している
同族会社	A	法人税法上の同族会社を指している（上場会社の100%子会社も同族会社に該当）
	B	特定の個人とその親族が支配している会社を指している
欠損（金）	A	青色欠損金を指している
	B	会計上の利益剰余金のマイナス（欠損）を指している

参考資料

以下に，本編を読む際に参考となると思われる資料をいくつか掲載しています。これらの資料は，ごく簡略化した内容となっており，説明を省いている部分も多くあります。正確な内容を把握するには，専門的な解説を行っている書籍や，条文（条文番号につき各資料に記載）を参照するようお願いいたします。

❶ 適格要件概要

(1) 合併の適格要件概要（法法２十二の八，法令４の３①～④）

※新設合併については，下記要件につき一定の読み替えが必要となる。

完全支配関係者間	支配関係者間	共同事業
金銭等不交付要件		
完全支配関係継続要件	支配関係継続要件	
	従業者引継要件	
	事業継続要件	
		事業関連性要件
		事業規模要件または 経営参画要件
		株式継続保有要件

- **金銭等不交付要件**：被合併法人の株主に合併法人または合併親法人のいずれか一の法人の株式以外の資産※が交付されないこと（無対価の場合には，合併法人と被合併法人が一定の関係にあること）
  - ※合併の直前に合併法人が被合併法人の発行済株式等の総数の３分の２以上を有する場合に少数株主に交付する金銭等を除く
- **（完全）支配関係継続要件**：合併前において合併法人と被合併法人との間に（完全）支配関係があること。同一の者による（完全）支配関係の場合には，これに追加して，合併後に同一の者と合併法人との間に，当該同一の者による（完全）支配関係が継続することが見込まれていること
- **従業者引継要件**：被合併法人の合併直前の従業者のうち，おおむね80%以上に相当する数の者が当該合併後に合併法人の業務に従事することが見込まれていること
- **事業継続要件**：被合併法人の主要な事業が，合併法人において引き続き行われることが見込まれていること
- **事業関連性要件**：被合併法人の被合併事業と合併に係る合併法人の合併事業が相互に関連すること
- **事業規模要件**：被合併法人の被合併事業と合併に係る合併法人の合併事業の規模の割合がおおむね５倍を超えないこと（規模５倍要件）
- **経営参画要件**：合併前の被合併法人の特定役員のいずれかと合併法人の特定役員のいずれかとが合併後に合併法人の特定役員となることが見込まれていること
- **株式継続保有要件**：被合併法人に支配株主がいる場合には，合併により支配株主に交付される合併法人の株式全部が，支配株主により継続して保有されることが見込まれていること

⑵　分割の適格要件概要（法法２十二の十一，法令４の３⑤～⑨）

※新設分割は実務上あまり行われないため，吸収分割を前提としている。
新設分割については，下記要件につき一定の読み替えが必要となる

<table>
<tr><th>完全支配関係者間</th><th>支配関係者間</th><th>共同事業</th><th>スピンオフ
（単独新設分割型分割）</th></tr>
<tr><td colspan="4">金銭等不交付要件</td></tr>
<tr><td colspan="4">按分型要件（分割型分割のみ）</td></tr>
<tr><td>完全支配関係継続要件</td><td>支配関係継続要件</td><td></td><td>非支配要件</td></tr>
<tr><td></td><td colspan="3">主要資産等引継要件</td></tr>
<tr><td></td><td colspan="3">従業者引継要件</td></tr>
<tr><td></td><td colspan="3">事業継続要件</td></tr>
<tr><td></td><td></td><td>事業関連性要件</td><td></td></tr>
<tr><td></td><td></td><td>事業規模要件または経営参画要件</td><td>経営参画要件
（スピンオフ）</td></tr>
<tr><td></td><td></td><td>株式継続保有要件</td><td></td></tr>
</table>

- **金銭等不交付要件**：分割法人の株主に分割承継法人または分割親法人のいずれか一の法人の株式以外の資産が交付されないこと（無対価の場合には，分割法人と分割承継法人が一定の関係にあること　事例８（p.46）を参照）
- **按分型要件**：分割法人の株主の持株数に応じて，分割対価が交付されること
- **（完全）支配関係継続要件**：分割前において分割法人と分割承継法人との間に分割法人による／同一者による完全支配関係があり，分割後に同一者／分割法人と分割承継法人との間に，（完全）支配関係が継続することが見込まれていること
- **主要資産等引継要件**：分割事業に係る主要な資産および負債が分割承継法人に移転していること
- **従業者引継要件**：分割法人の分割事業の従業者のうち，おおむね80％以上に相当する数の者が分割後に分割法人の業務に従事することが見込まれていること
- **事業継続要件**：分割法人の分割事業が，分割承継法人において引き続き行われることが見込まれていること
- **事業関連性要件**：分割法人の分割事業と分割承継法人の分割承継事業が相互に関連すること
- **事業規模要件**：分割法人の分割事業と分割承継法人の分割承継事業の規模の割合がおおむね５倍を超えないこと（規模５倍要件）
- **経営参画要件**：分割前の分割法人の役員等のいずれかと分割承継法人の特定役員の

いずれかとが分割後に分割承継法人の特定役員となることが見込まれていること

- **株式継続保有要件**：**〈分割型分割の場合〉**分割法人に支配株主がいる場合には，分割により交付される分割承継法人の株式のうち，支配株主に交付されるものの全部が，支配株主により継続して保有されることが見込まれていること
  〈分社型分割の場合〉分割により交付される分割承継法人株式の全部が，分割法人により継続して保有されることが見込まれていること
- **非支配継続要件**：分割直前に分割法人と他の者との間に当該他の者による支配関係がなく，かつ，分割後に分割承継法人と他の者との間に当該他の者による支配関係があることとなることが見込まれていないこと
- **経営参画要件（スピンオフ）**：分割前の分割法人の役員のいずれか（重要な使用人を含む）が分割後に分割承継法人の特定役員となることが見込まれていること

(3) 株式交換の適格要件概要（法法2十二の十七，法令4の3⑰〜⑳）

完全支配関係者間	支配関係者間	共同事業
金銭等不交付要件		
完全支配関係継続要件	支配関係継続要件	
	従業者継続従事要件	
	事業継続要件	
		事業関連性要件
		事業規模要件または経営参画要件
		株式継続保有要件
		完全親子関係継続要件

- **金銭等不交付要件**：株式交換完全子法人の株主に株式交換完全親法人または株式交換完全支配親法人のいずれか一の法人の株式以外の資産※が交付されないこと（無対価の場合には，株式交換完全親法人と株式交換完全子法人が一定の関係にあること）

  ※株式交換の直前に株式交換完全親法人が株式交換完全子法人の発行済株式等の総数の3分の2以上を有する場合に，少数株主に交付する金銭等を除く
- **（完全）支配関係継続要件**：株式交換前において株式交換完全親法人と株式交換完全子法人との間に（完全）支配関係があり，株式交換後に（完全）支配関係が継続することが見込まれていること[1]
- **従業者継続従事要件**：株式交換完全子法人のおおむね80％以上に相当する従業者が当該株式交換完全子法人の業務に引き続き従事することが見込まれていること
- **事業継続要件**：株式交換完全子法人の主要な事業が，当該株式交換完全子法人において引き続き行われることが見込まれていること
- **事業関連性要件**：株式交換完全子法人の子法人事業と株式交換完全親法人の親法人事業とが相互に関連すること
- **事業規模要件**：株式交換完全子法人の子法人事業と株式交換完全親法人の親法人事業の規模の割合がおおむね5倍を超えないこと（規模5倍要件）
- **経営参画要件**：株式交換前の株式交換完全子法人の特定役員のすべてが株式交換に伴って退任するものではないこと
- **株式継続保有要件**：株式交換完全子法人に支配株主がいる場合には，株式交換により交付される株式交換完全親法人株式のうち，支配株主に交付されるものの全

1　説明の簡略化のため，「誰による」（完全）支配関係であるかという点を省略しています。

部が，支配株主により継続して保有されることが見込まれていること

- **完全親子関係継続要件**：株式交換後に株式交換完全親法人と株式交換完全子法人との間に，株式交換完全親法人による完全支配関係が継続することが見込まれていること

(4) 株式分配[2]の適格要件（法法2十二の十五の三，法令4の3⑯）

適格株式分配とは，完全子法人と現物分配法人とが独立して事業を行うための株式分配で，以下の要件を満たすものをいう

- **対価要件**：株式分配により，現物分配法人の株主の持株数に応じて完全子法人の株式のみが交付されるものであること
- **非支配要件**：株式分配の直前に現物分配法人と他の者との間に他の者による支配関係がなく，かつ，その株式分配後に完全子法人と他の者との間に当該他の者による支配関係があることとなることが見込まれていないこと
- **経営参画要件**：株式分配前の完全子法人の特定役員のすべてがその株式分配に伴って退任をするものでないこと
- **従業者継続従事要件**：完全子法人のおおむね80％以上に相当する従業者が完全子法人の業務に引き続き従事することが見込まれていること
- **事業継続要件**：完全子法人の株式分配前に行う主要な事業が完全子法人において引き続き行われることが見込まれていること

(5) 現物分配の適格要件（法法2十二の十五）

- 内国法人を現物分配法人とすること
- 現物分配により資産の移転を受ける者が現物分配法人との間に完全支配関係のある内国法人（普通法人又は協同組合に限る）のみであること

2　株式分配の定義：現物分配（剰余金の配当または利益の配当に限る）のうち，現物分配の直前において現物分配法人により発行済株式等の全部を保有されていた法人（「完全子法人」）のその発行済株式等の全部が移転するもの（現物分配により株式等の移転を受ける者が現物分配の直前において当該現物分配法人との間に完全支配関係がある者のみである場合における当該現物分配を除く）をいう。

❷ 欠損金引継制限／使用制限フローチャート

（法法57③④，法令112, 113）

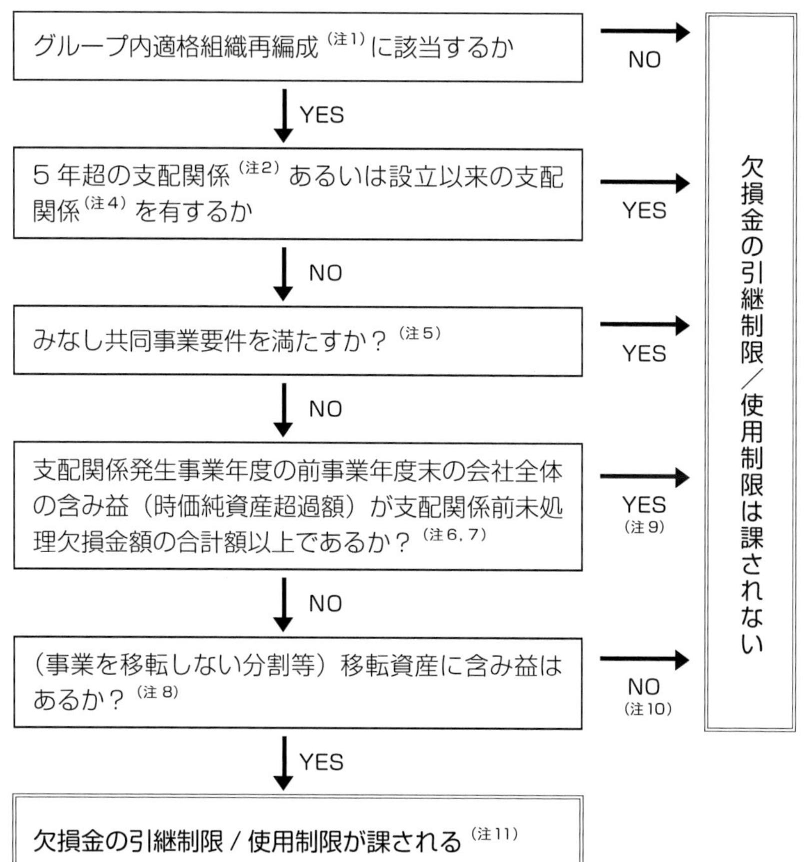

グループ内適格組織再編成（注1）に該当するか
NO
YES
5年超の支配関係（注2）あるいは設立以来の支配関係（注4）を有するか
YES
NO
みなし共同事業要件を満たすか？（注5）
YES
NO
支配関係発生事業年度の前事業年度末の会社全体の含み益（時価純資産超過額）が支配関係前未処理欠損金額の合計額以上であるか？（注6, 7）
YES（注9）
NO
（事業を移転しない分割等）移転資産に含み益はあるか？（注8）
NO（注10）
YES
欠損金の引継制限／使用制限が課される（注11）
欠損金の引継制限／使用制限は課されない

（注１） 引継制限 ⇒（(完全）支配関係者間）適格合併，完全支配関係のある内国法人からの残余財産全部分配
使用制限 ⇒（(完全）支配関係者間）適格合併，法法61の13①※の適用のある非適格合併，適格分割，適格現物出資，適格現物分配
（注２） 支配関係発生日が受入側法人（注３）の組織再編成事業年度開始の日の５年前の日以後であること。
（注３） 合併法人，分割承継法人，被現物出資法人，現物分配法人。
（注４） 設立以後に一定の組織再編成や完全支配関係者の残余財産確定があった場合には別途取扱い。
（注５） みなし共同事業要件（適格現物分配を除く）：次の要件を満たす必要あり。
- 「事業関連性要件」
- 「規模２倍要件および規模５倍要件」または「役員継続従事要件」

（注６） 支配関係前未処理欠損金額がない場合を含む
（注７） 合併に伴う欠損金の引継制限 ⇒ 被合併法人の時価純資産超過額と支配関係前未処理欠損金額を比較
欠損金使用制限 ⇒ 受入側法人の時価純資産超過額と支配関係前未処理欠損金額を比較
（注８） 事業を移転しない適格分割・適格現物出資または適格現物分配についてのみ適用可。
欠損金使用制限の特例適用による。申告，書類保存要件あり。
（注９） 欠損金使用／引継制限の特例適用による。申告，書類保存要件あり。
（注10） 欠損金使用制限の特例適用による。申告，書類保存要件あり。
（注11） 制限金額の特例計算あり。

※　令和４年４月１日以後開始事業年度にあっては法61の11①

❸ 特定資産譲渡等損失の損金算入制限

(1) 特定資産譲渡等損失の損金算入制限フローチャート

（法法62の7，法令123の8，123の9）

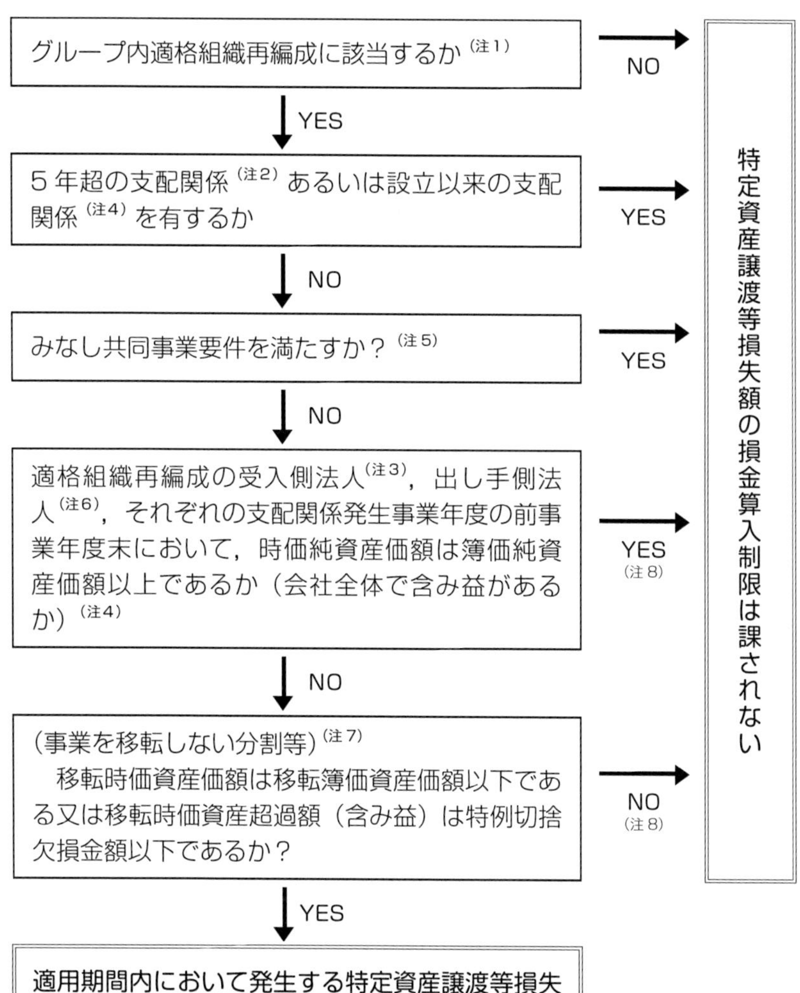

グループ内適格組織再編成に該当するか（注1）
NO
YES
5年超の支配関係（注2）あるいは設立以来の支配関係（注4）を有するか
YES
NO
みなし共同事業要件を満たすか？（注5）
YES
NO
適格組織再編成の受入側法人（注3），出し手側法人（注6），それぞれの支配関係発生事業年度の前事業年度末において，時価純資産価額は簿価純資産価額以上であるか（会社全体で含み益があるか）（注4）
YES
（注8）
NO
（事業を移転しない分割等）（注7）
移転時価資産価額は移転簿価資産価額以下である又は移転時価資産超過額（含み益）は特例切捨欠損金額以下であるか？
NO
（注8）
YES
適用期間内において発生する特定資産譲渡等損失額について損金算入制限が課される（注9）
特定資産譲渡等損失額の損金算入制限は課されない

（注１） 適格合併，法法61の13①※の適用がある非適格合併，適格分割，適格現物出資，適格現物分配。

（注２） 支配関係発生日が受入側法人（注３）の組織再編成事業年度開始の日の５年前の日以後であること。

（注３） 合併法人，分割承継法人，被現物出資法人，被現物分配法人。

（注４） 設立以後に一定の組織再編や完全支配関係者の残余財産確定があった場合には別途取扱い。

（注５） みなし共同事業要件（適格現物分配を除く）：次の要件を満たす必要あり。

- 「事業関連性要件」
- 「規模２倍要件および規模５倍要件」または「役員継続従事要件」

（注６） 被合併法人，分割法人，現物出資法人，現物分配法人。

（注７） 事業を移転しない適格分割・適格現物出資または適格現物分配についてのみ適用可。申告，書類保存要件あり。

（注８） 特定保有資産に係る特定資産譲渡等損失額の損金算入制限の特例適用による。申告，書類保存要件あり。

（注９） 制限金額の特例計算あり。

※ 令和４年４月１日以後開始事業年度にあっては法61の11①

⑵ 特定引継資産・特定保有資産の定義（法法62の7②，法令123の８③⑮）[1]

- **特定引継資産**：

　内国法人（受け手）が支配関係法人から特定適格組織再編成等により[2]移転を受けた資産で，当該支配関係法人が当該内国法人との支配関係発生日の属する事業年度開始の日前から有していたもの[3]

- **特定保有資産**：

　内国法人（受け手）が支配関係発生日の属する事業年度開始の日前から保有[3]していた資産

〈除 外〉

以下の資産は特定引継資産・特定保有資産から除外される（法令123の８③⑮）。

- 棚卸資産（土地，土地の上に存する権利を除く）
- 売買目的有価証券
- 短期売買商品
- 特定適格組織再編成等の日における帳簿価額または取得価額が1,000万円に満たないもの
- 支配関係発生日において時価≧帳簿価額である資産（別表添付要件／書類保存要件あり）
- 非適格合併により移転を受けた資産で法法61の13①[4]の適用を受けないもの

⑶ 譲渡等損失の範囲

譲渡，評価換え，貸倒れ，除却その他これらに類する事由（ただし，以下は除外）。

〈除 外〉

- 災害による資産の滅失または損壊
- 適正に減価償却を行っている減価償却資産の除却
- 更生期間資産譲渡等，再生等期間資産譲渡等
- 収用，換地処分等による資産の譲渡　など

1　令和４年４月１日以後開始事業年度にあっては123の８②⑨。

2　【特定適格組織再編成等】適格合併，非適格合併で法法61の13①（脚注３を参照）の適用があるもの，適格分割，適格現物出資，適格現物分配でみなし共同事業要件を満たさないもの。

3　支配関係発生日の属する事業年度開始の日以後に取得した資産は原則「特定引継資産」「特定保有資産」に含まれないが，例外規定あり（「みなし引継資産」等。事例20参照）。

4　令和４年４月１日以後開始事業年度にあっては61の11①。

〈著者紹介〉

西村美智子（にしむら　みちこ）

税理士。国内外M&A，組織再編成，事業承継を含む総合税務サービスに従事。

◇主要著作

『企業再編　法律・会計・税務と評価（第2版）』（共著，清文社2015年），『スクイーズ・アウトの法務と税務（第2版）』（共著，中央経済社2018年），『Q&A事業承継をめぐる非上場株式の評価と相続対策（第10版）』（共著，清文社2020年），『税務申告でミスしないための組織再編の申告調整ケース50＋6』（共著，中央経済社2017年），『インセンティブ報酬の法務・税務・会計』（共著，中央経済社2017年）

中島　礼子（なかじま　れいこ）

税理士。国内外のM&A，組織再編成，事業承継を含む総合税務サービスに従事。

◇主要著作

『スクイーズ・アウトの法務と税務（第2版）』（共著，中央経済社2018年），『税務申告でミスしないための組織再編の申告調整ケース50＋6』（共著，中央経済社2017年），『資産・事業承継対策の現状と課題』（共著，大蔵財務協会2016年），『インセンティブ報酬の法務・税務・会計』（共著，中央経済社2017年），『そうだったのか！組織再編条文の読み方』（中央経済社2018年）

組織再編税制で誤りやすいケース35

2020年10月1日　第1版第1刷発行
2024年4月10日　第1版第6刷発行

著　者　西村美智子
　　　　中島礼子
発行者　山本継
発行所　㈱中央経済社
発売元　㈱中央経済グループパブリッシング
〒101-0051　東京都千代田区神田神保町1-35
電話　03（3293）3371（編集代表）
　　　03（3293）3381（営業代表）
https://www.chuokeizai.co.jp
印刷／文唱堂印刷㈱
製本／㈲井上製本所

＊頁の「欠落」や「順序違い」などがありましたらお取り替えいたしますので発売元までご送付ください。（送料小社負担）

ISBN978-4-502-34541-8　C3034